基礎から身につく

相続税・贈与税

[illegible]男 著

令和
6
年度版

一般財団法人 大蔵財務協会

はじめに

一般に税法はむずかしいと言われています。とりわけ、相続や贈与により財産を取得することは一生を通じて何回もあることではありませんので、ほとんどの方は相続税や贈与税について、十分な知識をお持ちではないと思います。

本書では、相続税と贈与税の仕組みと具体的な計算方法について、体系的に、かつ、やさしく説明することを心掛けました（相続や贈与により取得した財産の評価方法については、拙著「基礎から身につく財産評価」で説明しています。）。また、相続税の理解をする上で不可欠な民法の規定についてもできるだけ説明を加えていますので、ぜひとも参考にしていただきたいと思います。

本書が、相続税・贈与税の正しい理解の一助となり、いささかなりとも皆様のお役に立つことを願う次第です。

なお、文中の意見にわたる部分については、個人的見解に基づくものであることを念のため申し添えます。

終わりに、本書刊行の機会を与えていただいた大蔵財務協会の木村理事長はじめ、出版編集部の皆様に心からの謝意を表すとともに、本書の基礎とさせていただいた「やさしい相続税」、「やさしい贈与税」の執筆に携わった諸先輩・諸氏に敬意を表します。

令和６年５月

執筆者　**北　本　高　男**

凡　　例

1．引用した法令や通達は、それぞれ次の略語を用いました。

法……………………………相続税法
令……………………………相続税法施行令
規……………………………相続税法施行規則
措法…………………………租税特別措置法
措令…………………………租税特別措置法施行令
措規…………………………租税特別措置法施行規則
通法…………………………国税通則法
相通…………………………相続税法基本通達
評基通………………………財産評価基本通達
所法…………………………所得税法
所令…………………………所得税法施行令
所通…………………………所得税基本通達
法法…………………………法人税法
通……………………………国税通則法
措通…………………………昭和50年11月４日付直資２―224「租税特別措置法（相続税法の特例関係）の取扱いについて」

2．引用の方法は、例えば、次のとおりです。

「法３①Ⅰ」とあるのは「相続税法第３条第１項第１号」のことです。

「令４の４①Ⅱ」とあるのは「相続税法施行令第４条の４第１項第２号」のことです

○　本書は、令和６年４月１日現在の法令と通達によっています。

○　国税における新型コロナウイルス感染症拡大防止への対応と申告や納税などの当面の税務上の取扱いについては、国税庁ホームページを参照してください。

◆ 目　次 ◆

相続税編

贈与税編

相続税編

1 相続税とは

〔ポイント〕

1．相続税は、死亡した人の財産を相続や遺贈により取得した人にかかる税金です。
2．贈与税は、相続税の補完税であるともいわれ、相続税に比べてその課税最低限が低く税率が高く税負担が重くなっています。
3．相続や遺贈又は贈与によって取得した財産に対しては、相続税又は贈与税がかかるため、所得税はかかりません。

相続税は、死亡した人の財産を相続又は遺贈（死因贈与（12頁参照）を含みます。）によって取得した場合に、その取得した財産の価額を課税標準としてかかる税金です。

1 なぜ相続税がかかるのか

税金は、相続税に限らず近代国家において国民が社会生活を営んでいくためや国家が社会の秩序を維持したり、国民の生活を向上させたりするために必要な費用として、国民が負担しなければならないものであることは、既にご存知のとおりです。したがって、税金は、これらの費用に充てるための財政資金を調達する目的をもって、国が課税権に基づき、法律の定める課税要件に該当するすべての人に対し、担税力に応じて課税するものとされているわけです。

現在の相続税法では、死亡した人の財産を相続や遺贈によって取得した場合には、その財産をもらった人に担税力が生ずること及び富の集中を抑制する必要があることなどから、その財産を取得した人に相続税が課されることとされています。この相続税は、財産を偶然に取得したことによる不労所得に対して税金がかかるということで、いわば財産を取得したということに対する特殊な形の所得税でもあるわけです。また、個人は、本来、経済的には機会均等であることが望ましいので、個人が財産を無償で取得した場合に、その取得した財産の一部を国家が税金という形で徴収して富の一部を社会に還元することは、富の集中排除を図るための適切な措置であるともいわれています。

なお、相続税の仕組み、主な改正の内容については（巻末220頁以降の資料）を参照してください。

2　贈与税との関係

（1）　相続税の補完税

最初にも説明しましたように、相続税は死亡した人の財産を相続や遺贈によって取得した人に対してかかる税金です。このような課税制度の下では、生前に親族などに財産の贈与をしてしまうことによって、相続税の課税の回避を図ることも考えられます。つまり、ある人が生前に将来相続人となる人などに財産を贈与してしまい、その人が死亡し相続が開始したときには財産がなくなってしまっていると相続税が全くかからないということになります。これでは、相続税が設けられていても、相続税を課税することができなくなるばかりでなく、生前に財産の贈与を受けていない人との間において、税負担のうえで著しく不公平となります。

したがって、相続や遺贈によって取得した財産に対しては相続税を課税する一方、生前における贈与財産についても税金を課税する必要があります。そこで相続税法では、財産を贈与によって取得した場合には、その取得した財産に対して、贈与税を課税することによって、相続税を補完しているわけです。

すなわち、贈与税は相続税として税金が課税されない部分に対して税金を課すために設けられているともいえるわけで、そのような意味で贈与税は相続税の補完税であるともいわれています。そのため、相続税に比べてその課税最低限や税率などが、税負担が重く作用する結果となるようになっていることが多いようです。もちろん、税額の計算方法がそれぞれ異なりますし、また、将来、相続があったときの財産の価額がいくらになるかということによっても異なりますから、一概にはいえませんが、一般的には、贈与税より相続税の方が税負担が軽いといえます。

具体的には、課税最低限が、相続税は3,000万円と法定相続人の数1人当たり600万円との合計額であるのに対し、贈与税は贈与を受けた人ごとに110万円であり、税率も、相続税が最低1,000万円以下10%から最高6億円超55%となっているのに対し、贈与税は一般税率の場合、最低200万円以下10%から最高3,000万円超55%となっています。

注　贈与税は、財産の贈与を受けたことによる資力の増加に着目して課税する税金ですから、第三者間の財産の贈与についても課税されます。

(2)　相続時精算課税の導入

上記のように贈与税は相続税より税負担が重いことから、親から子への生前の資産移転に対して禁止的に作用してきました。しかし、相続による次世代への資産移転の時期は、高齢化の進展に伴い従来よりも大幅に遅れてきていること、また、高齢者の保有する資産の有効活用を通じた経済社会の活性化にも資するような制度の導入といった社会的要請もあったことなどを踏まえて、将来において相続関係に入る一定の親子間の資産移転について、生前における贈与と相続との間で、資産の移転時期の選択に対する課税の中立性を確保することにより、生前における贈与による資産の移転の円滑化に資することを目的として、平成15年度税制改正において、相続時精算課税が創設されました。

すなわち、60歳以上の親（祖父母）からの贈与により財産を取得した20歳（現18歳）以上の子（孫）は、従来の課税方式（「暦年課税」といいます。）の適用を受けることに代えて、その人の選択により、贈与時に贈与により取得した財産に対する贈与税を納付し相続時にその贈与財産と相続財産とを合計した価額を基に計算した相続税額から既に納付した贈与税相当額を控除した額をもって相続税額とする相続時精算課税の適用を受けることができることとされました。

2 相続や遺贈とは

〔ポイント〕

1．相続の開始は、原則として自然人の死亡により開始します。

2．被相続人の配偶者は常に相続人となり、子などの相続人の順位は次のとおりです。

〔第1順位〕

子(子が被相続人の死亡以前に死亡し、又は相続権を失ったときは、孫や曽孫（直系卑属）が代って相続人となります。)

〔第2順位〕

父母や祖父母（直系尊属）

〔第3順位〕

兄弟姉妹（兄弟姉妹が被相続人の死亡以前に死亡し、又は相続権を失ったときはおい、めい（兄弟姉妹の子））

3．相続人は、死亡した人の一身に専属していたものを除いて、原則として死亡した人の財産に関する一切の権利義務を承継します。

4．遺贈とは、遺言によってなされる財産の無償譲与です。

1 相続とはどのようなことか

(1) 相続の開始

民法には、相続は死亡によって開始する(民法882)と規定されています。そして、相続人は、相続開始の時から、死亡した人の財産に属していた一切の権利義務を承継することになります（民法896）。ただし、被相続人の一身に専属していたもの（例えば、扶養を請求する権利や文化功労年金を受ける権利など）は、相続されないことになっています（民法896ただし書）。その死亡した人を被相続人といい、その権利義務を受け継ぐ人を相続人といいます。そして、相続人が受け継いだその財産が相続によって取得した財産であり、その財産を取得した時期は相続開始の時となります。この相続は、被相続人の住所において開始する（民法883）ことになっていますが、これは、相続に関する事件の裁判管轄が定まることを意味します（民事訴訟法4②、5 XIV）。また、相続税の申告書の提出先も、当分の間、被相続人の死亡の時における住所地を所轄する税務署長になっています（法附則③）ので、被相続人の死亡の時の住所地によって相続税の申告をする税務署も決まることになります。

なお、相続が開始する場合としては、死亡の場合のほか、民法上は死亡と同じ効果をもつ失そうの宣告があります。不在者の生死が一定期間不明である場合には、家庭裁判所は利害関係人の請求によって失そうの宣告をすることができることになっています。この場合の一定期間は、通常7年ですが、船が沈没した場合などのような危難失そうの場合の期間は1年とされています（民法30）。失そうの宣告を受けた人は、通常の場合は7年の期間満了の時に死亡したものとみなされ、また、危難失そうで失そうの宣告を受けた人は危難の去った時に死亡したとみなされます（民法31）。したがって、いずれもその死亡したものとみなされた時に相続の開始があったことになるわけです（相通1の3・1の4共—8）。

(2) 相　続　人

民法では、配偶者の相続権と直系血族、兄弟姉妹の相続権を認めています。

被相続人の配偶者は常に相続人となり（民法890）、血族関係者としては、第１順位が子、その子が被相続人の死亡以前に死亡しているとき、又は相続権を失っているときはその人の子、つまり、孫など直系卑属（民法887）、第２順位が直系尊属（民法889①Ⅰ）、第３順位が兄弟姉妹、その兄弟姉妹が被相続人の死亡以前に死亡しているとき、又は相続権を失っているときは、その兄弟姉妹の子（つまり、おい、めいまで）（民法889①Ⅱ、②）と規定されています。また、直系尊属のうちでは、親等の近い人が優先して相続人となります。したがって、相続人となる人は、次のようになります。

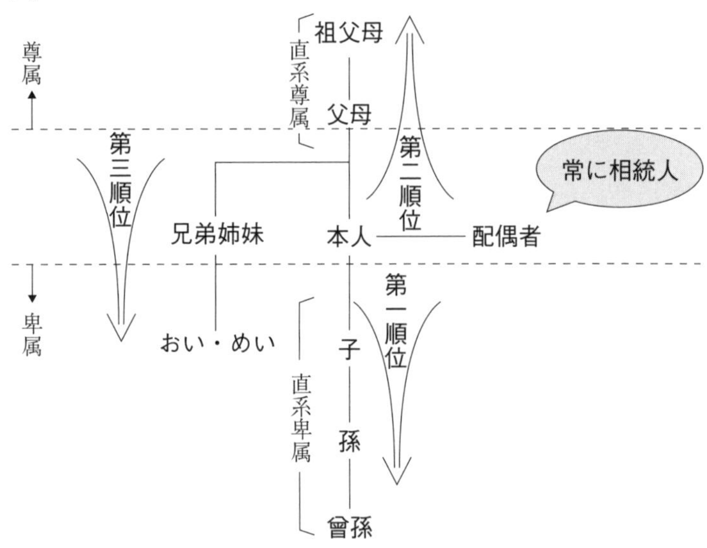

〔第１順位〕

子（その子が相続開始以前に死亡したとき、又は相続権を失ったときは、その人の子、つまり、孫というように、被相続人の直系卑属が親等の近い順に、順次代襲相続人となります。）が相続人となります。

子（その人の代襲相続人も含みます。）が１人もいない場合には、次の第２順位の人が相続人となります。

注　まだ生まれていない胎児は、相続については既に生まれたものとみなされます（民法886①）ので、相続の開始があった時に、相続人に当たる胎児がある場合には、その胎児は、被相続人の財産について相続権を有することになります。しかし、その胎児が死体で生まれたときは適用されません（民法886②）。

〔第２順位〕

直系尊属が相続人となります。

子（その人の代襲相続人も含みます。）と直系尊属に当たる人が１人もいない場合には、次の第３順位の人が相続人となります。

〔第３順位〕

兄弟姉妹（兄弟姉妹が相続開始以前に死亡し、又は相続権を失ったときは、その人の子、つまり、おい、めいが代襲相続人となります。）が相続人となります。

〔配偶者〕

常に相続人となります。

他に相続人が１人もいない場合には､配偶者だけが相続人となります。

注　ここでいう配偶者とは、婚姻の届出（民法739）をした夫又は妻をいい、内縁関係にある人は含まれません。

（３）　相続人の不存在

相続人について、民法では上記⑵のように、配偶者のほか三つの順位で被相続人の血族関係者を定めています。これらの相続人のあることが明らかでないときは、まず、その相続財産は法人となり（民法951）、家庭裁判所が、管理人を選任したうえで公告します（民法952）。その後２か月以内に相続人が現れないときは、管理人が最低２か月の期間を定めて相続債権者及び受遺者に対してその請求の申出をすべき旨を公告し（民法957）、ついでこの期間満了後に家庭裁判所で最低６か月の期間を定めて相続人捜索の公告をします（民法958）。このようにして所定の手続が終わった後、３か月以内に被相続人の特別縁故者（被相続人と生計を同じくしていた人、被相続人の療養看護に努めた人その他被相続人と特別の縁故があった人）の請求によって、家庭裁判所は相続財産の全部又は一部をその特別縁故者に与えることがあります（民法958の３）。なお、この清算後に残存する財産があれば、その残存する財産のうちの被相続人の共有持分が他の共有者に帰属させられた後（民法255）、国庫に帰属することになります（民法959）。

2 遺贈とはどのようなことか

相続税法では、遺贈によって財産を取得した場合にも相続税がかかることになっています。遺贈というのは遺言によってなされる財産の無償譲与のことです。財産を無償で与える点においては贈与と類似していますが、贈与は契約であるのに対して、遺言は単独行為ですので、この点では贈与とは異なります。

遺贈に関する民法の規定を見ますと「遺言者は、包括又は特定の名義で、その財産の全部又は一部を処分することができる。ただし、遺留分に関する規定に違反することができない。」（民法964）となっています。そして、遺言は民法の定める方式（民法960）に従わなければなりませんし、遺言者は遺言をする時において、満15歳に達しており、かつ、その能力を有していなければなりません（民法961～963）。

遺言は、停止条件を付した場合を除いては遺言者の死亡の時からその効力が生じます（民法985）から、遺贈によって財産を取得した時期というのは、原則として遺言者の死亡の時であって、この時において課税の原因が発生することになります。

(1) 包括遺贈

遺贈には、包括遺贈と特定遺贈とがあります（民法964）。包括遺贈は、包括的に権利義務を遺言によって譲与することですから、その意味合いではむしろ相続に類似しています。民法でも「包括受遺者は、相続人と同一の権利義務を有する。」（民法990）と規定しています。したがって、包括遺贈の場合は、遺産の全部とか、遺産総額の何分の１とかいうように、遺産の全体に対する割合をもって定められることとなり、この割合で被相続人の権利義務を受け継ぐことになります。

(2) 特定遺贈

特定遺贈とは、例えば、この土地、この株式というように特定の不動産や動産などを遺言によって譲与する行為です。

(3) 遺贈の放棄

特定遺贈を受けた人は、遺言者の死亡後いつでも遺贈の放棄をすることができます（民法986①）。これに対し、包括遺贈を受けた人は、相続の放棄の場合と同様に自分のために包括遺贈のあったことを知った時から３か月以内に家庭裁判所に所定の手続を行った場合に遺贈の放棄をすることができます（民法990、915①）。

遺贈の放棄は、遺言者の死亡の時にさかのぼってその効力が生じ（民法986②）、その放棄があった財産は、遺言者がその遺言に別段の意思表示をしている場合を除き相続人に帰属しますので、その結果、他の相続人の相続分が異動することになります。ただ、遺贈の承認又は放棄は、これを取り消すことができません（民法989①）。

注　相続人となるべき人が、相続を放棄した場合であっても、第４章で説明する相続又は遺贈によって取得したものとみなされる財産、例えば、生命保険金を受け取ったような場合には、その受取人は、その保険金を遺贈によって取得したものとみなされます（法３①、相通３―３）。

3　死因贈与とはどのようなことか

贈与によって財産を取得した場合には、贈与税がかかりますが、相続税法では、贈与者の死亡によって効力を生ずる贈与（死因贈与）によって財産を取得した場合には、遺贈に準じて相続税がかかることになっています（法1の3）。

民法には、贈与とは当事者の一方が自己の財産を無償で相手方に与えるという意思表示をし、相手方がこれを受諾することによって成立する契約であり（民法549）、贈与者の死亡によって効力を生ずる贈与は、遺贈に関する規定に従うと規定されています（民法554）。

したがって、法律的には遺贈は単独行為であるのに対し、死因贈与は契約であるというように違っていますが、前にも説明しましたように、民法上は、死因贈与には遺贈の規定が適用されますし、実質的には遺贈によって財産を取得した場合と異なりませんので、相続税法でも死因贈与は遺贈に含めて規定し相続税が課税されることとされています。

そのため、以下、各章において遺贈というときは特に断ってある場合を除き、死因贈与を含めて説明することにします。

なお、死因贈与は、遺贈に含めて相続税の課税原因とされていますので、これによって取得した財産については贈与税はかかりません。

3 相続税の納税義務者

〔ポイント〕

相続税は次に掲げる人に課税されます。

1　相続や遺贈によって財産を取得した個人

2　相続時精算課税の適用を受ける財産を取得した個人

3　農地や非上場株式に係る贈与税の納税猶予を受けていた個人

4　個人とみなされる場合の信託の受託者（個人以外の受託者）、人格のない社団・財団、持分の定めのない法人

1 個人

相続税は、原則として、相続や遺贈又は相続時精算課税の適用を受ける贈与によって財産を取得した個人が納税義務者となります。

相続税の納税義務者を具体的に説明すれば、次のとおりです。

(1) 居住無制限納税義務者

相続又は遺贈により財産を取得した次に掲げる者で、財産を取得した時において相続税法の施行地（以下「日本国内」といいます。）に住所を有する相続人又は受遺者をいいます（法1の3①Ⅰ）。

①　一時居住者でない個人

【一時居住者】

相続開始の時において出入国管理及び難民認定法別表第1の在留

資格（以下「在留資格」といいます。）がある者で、相続開始前15年以内において日本国内に住所があった期間の合計が10年以下の相続人又は受遺者をいいます（法1の3③Ⅰ）。

② 一時居住者である個人で、その被相続人が外国人被相続人又は非居住被相続人でない場合

【外国人被相続人】

相続開始時に在留資格があり、かつ、日本国内に住所を有していた被相続人をいいます（法1の3③Ⅱ）。

【非居住被相続人】

相続開始時に日本国内に住所がない者で、相続開始前10年以内のいずれかの時に日本国内に住所があったことがある被相続人のうち日本国籍がなかった被相続人か、相続開始前10年以内のいずれの時においても日本国内に住所がなかった被相続人をいいます（法1の3③Ⅲ）。

(2) 非居住無制限納税義務者

相続又は遺贈により財産を取得した次に掲げる者で、財産を取得した時において日本国内に住所を有しない相続人又は受遺者をいいます（法1の3①Ⅱ）。

① 日本国籍を有する個人の場合

イ 相続開始前10年以内のいずれかの時において日本国内に住所を有していたことがある相続人又は受遺者

ロ 相続開始前10年以内のいずれの時においても日本国内に住所を有していたことがない相続人又は受遺者で、その被相続人が外国人被相続人又は非居住被相続人でない場合

② 日本国籍を有しない個人の場合

その被相続人が外国人被相続人又は非居住被相続人でない場合

(3) 制限納税義務者

① 相続又は遺贈により日本国内の財産を取得した個人で、相続開始時に日本国内に住所のある相続人又は受遺者（ただし、上記(1)に該当する相続人又は受遺者は除かれます。）をいいます（法1の3①Ⅲ）。

② 相続又は遺贈により日本国内の財産を取得した個人で、財産を取得した時において日本国内に住所を有しない相続人又は受遺者(前記(2)に該当する相続人又は受遺者は除かれます。）をいいます（法1の3①Ⅳ)。

(4) 特定納税義務者

贈与によって相続時精算課税の適用を受ける財産を取得した人（上記(1)～(3)に該当する者を除きます（法1の3①Ⅴ)。

(5) 国外転出に係る納税猶予の適用者

所得税法第137条の2（国外転出をする場合の譲渡所得等の特例の適用がある場合の納税猶予）又は第137条3（贈与等により非居住者に資産が移転した場合の譲渡所得等の特例の適用がある場合の納税猶予）の規定の適用がある場合における上記(1)②、(2)①ロ、(2)②の規定の適用については、次のとおりです（法1の3②)。

① 所得税法第137条の2第1項（同条第2項の規定により適用する場合も含まれます。）の規定の適用を受ける個人が死亡した場合

この個人の死亡に係る相続税の上記(1)②、(2)①ロ、(2)②の規定の適用については、この個人は、この個人の死亡に係る相続開始前10

年以内のいずれかの時において日本国内に住所を有していたものとみなされます。

② 所得税法第137条の3第1項（同条第3項の規定により適用する場合も含まれます。）の規定の適用を受ける者から同法第137条の3第1項の規定の適用に係る贈与により財産を取得した受贈者が死亡した場合

この受贈者の死亡に係る相続税の上記(1)②、(2)①ロ、(2)②の規定の適用については、この受贈者は、この受贈者の死亡に係る相続開始前10年以内のいずれかの時において日本国内に住所を有していたものとみなされます。ただし、この受贈者が所得税法第137条の3第1項の規定の適用に係る贈与前10年以内のいずれの時においても日本国内に住所を有していたことがない場合は除かれます。

③ 所得税法第137条の3第2項（同条第3項の規定により適用する場合も含まれます。）の規定の適用を受ける相続人（包括受遺者も含まれます。）が死亡（「二次相続」）をした場合

二次相続に係る相続税の上記(1)②、(2)①ロ、(2)②の規定の適用については、この相続人は、二次相続の開始前10年以内のいずれかの時において日本国内に住所を有していたものとみなされます。ただし、この相続人が所得税法第137条の3第2項の規定の適用に係る相続の開始前10年以内のいずれの時においても日本国内に住所を有していたことがない場合は除かれます。

無制限納税義務者（上記(1)又は(2)の人をいいます。）と制限納税義務者とでは、相続又は遺贈により取得した財産のうち相続税が課税される財産の範囲が異なります（第6章参照）。また、債務控除や税額控除について

も異なる点があります。

（6） 農地等の贈与税の納税猶予を受けていた者

農地等を贈与した場合の贈与税の納税猶予（措法70の4）を受けていた人は、この贈与税に係る贈与者が死亡したときは、受贈者が納税猶予の対象とした農地等をこの死亡した贈与者から相続により取得したものとみなされ、相続税の納税義務者となります（措法70の5）。

（7） 非上場株式等の贈与税の納税猶予を受けていた経営承継受贈者

非上場株式等についての贈与税の納税猶予（措法70の7）を受けていた経営承継受贈者は、この贈与税に係る贈与者が死亡した場合は、経営承継受贈者が納税猶予の対象とした非上場株式等をこの死亡した贈与者から相続あるいは遺贈により取得をしたものとみなされ、相続税の納税義務者となります（措法70の7の3）。

相続税の納税義務者は以上のとおりですが、相続税の課税価格の合計額（第6章の1参照）が遺産に係る基礎控除額（課税最低限）以下の場合は、相続税がかかりません。

2 人格のない社団・財団と持分の定めのない法人

（1） 人格のない社団又は財団

相続税は、原則として、個人にかかる税金ですが、相続税法では、代表者や管理者の定めがある人格のない社団や財団を個人とみなして相続税を課す規定があります（法66①）。

代表者又は管理者が定められている人格のない社団や財団とは、例えば、校友会、後援会、青年団などのようなものをいいます。

また、遺言によって、これらの人格のない社団や財団を設立するために財産の提供があった場合にも、同様にその人格のない社団や財団は個人とみなされて相続税がかかります（法66②）。

なお、法人税等が課税される場合は、その税額相当額は相続税から控除することで、法人税と相続税の二重課税を避けています（法66⑤、令33①②）。

（2） 持分の定めのない法人

一般に、会社などの法人が遺贈によって財産を取得しても相続税がかかることはありません。その代わりに、その法人には、遺贈によって財産をもらったことによる所得に対して法人税がかかります。

しかし、相続税法においては、持分の定めのない法人に対して財産の遺贈があったことによって遺贈した人の親族その他遺贈した人と特別の関係がある人の相続税又は贈与税の負担が不当に減少する結果となると認められる場合には、その持分の定めのない法人を個人とみなして、その持分の定めのない法人に相続税を課税することにしています（法66④）。

また、遺言によってこれらの持分の定めのない法人を設立するために財産の提供があった場合にも、それによって、遺贈した人の親族などの相続税又は贈与税の負担が不当に減少する結果となると認められる場合には、持分の定めのない法人を個人とみなして相続税を課税することにしています（法66④）。

ここで、持分の定めのない法人というのは、一般社団法人及び一般財団法人に関する法律の規定によって設立された一般財団法人や一般社団法人又はそれ以外の法律によって設立された社会福祉法人、学校法人、宗教法人などが、これに当たります。

なお、法人税等が課税される場合は、その税額相当額は相続税から控除します（法66⑤、令33①②）。

3 特定の一般社団法人等に対する課税

一般社団法人又は一般財団法人（以下「一般社団法人等」といいます。）が遺贈により財産を取得しない場合でも、一般社団法人等の理事である者が死亡した場合において、この一般社団法人等が特定一般社団法人等に該当するときは、この特定一般社団法人等は個人とみなされて相続税が課されます（法66の2）。

死亡した理事（以下「被相続人」といいます。）の相続開始の時における、この特定一般社団法人等の純資産価額をその時におけるこの特定一般社団法人等の同族理事の数に1を加えた数で除して計算した金額に相当する金額を、一般社団法人等がこの被相続人から遺贈により取得した個人とみなされて相続税が課されます。

注　一般社団法人等が平成30年3月31日以前に設立されたものである場合には、この規定は、令和3年4月1日以後の一般社団法人等の理事である者の死亡に係る相続税について適用されます。

4 相続税の課税財産

〔ポイント〕

相続税は、次に掲げる財産に課税されます。

1　相続や遺贈によって取得した金銭に見積ることができる経済的価値のあるすべての財産

2　相続や遺贈によって取得したものとみなされる例えば次に掲げる財産

⑴　死亡保険金

⑵　死亡退職手当金等

⑶　生命保険契約に関する権利

⑷　定期金に関する権利

⑸　保証期間付定期金に関する権利

⑹　契約に基づかない定期金に関する権利

⑺　遺贈により取得したとみなす場合（寄与分）

⑻　信託に関する権利

3　相続開始前3年以内に被相続人から贈与を受けた財産

4　相続時精算課税の適用を受けた財産

5　贈与税の納税猶予を受けた農地等

6　贈与税の納税猶予を受けた非上場株式等

相続税がかかる財産は、原則として、民法の規定による相続や遺贈によって取得した財産です。このほか民法上の相続や遺贈という形式で財産を取得したものではなくても、結果的に相続や遺贈によって財産を取得したのと同様の経済的な効果があることにより、相続税法の規定によって、相続や遺贈によって取得したものとみなされる財産があります。また、贈与によって取得した財産であっても、相続時精算課税の適用を受けるものについては、相続税の課税対象となります。

1　相続や遺贈によって取得した財産

相続税がかかる財産は、まず第一に、本来の相続や遺贈により取得した財産です。しかし、第５章で説明する相続税がかからない財産は除かれます。

ここで財産というのは、金銭に見積ることができる経済的価値のあるすべてのものをいいます。

したがって、財産には、①物権、債権、無体財産権だけでなく、信託の受益権や電話加入権なども含まれますし、また、②法律上の根拠を有しないものであっても経済的な価値が認められているもの、例えば、営業権のようなものもこれに含まれます。しかし、③質権、抵当権又は地役権（区分地上権に準ずる地役権を除きます。）のような従たる権利は、主たる権利の価値を担保し、又は増加させるものであって、独立した財産とは認められませんので、相続税がかかる財産からは除かれます（相通11の２―１）。

そこで、もう少し具体的に相続税がかかる財産のあらましを説明しますと次のとおりです。

すなわち、相続税がかかる財産は、相続や遺贈によって取得した土地、家屋、立木、事業用財産、株式、公社債、家庭用財産、貴金属、宝石、書画、骨とう、自動車、電話加入権、預貯金、現金などの一切の財産です。

2 相続や遺贈によって取得したものとみなされる財産

相続税法は、相続や遺贈によって取得した財産でなくても、実質的には、相続や遺贈によって財産を取得したのと同様な経済的効果があると認められる場合には、課税の公平を図るために、その受けた利益などを相続や遺贈によって取得したものとみなして、相続税の課税財産としています。これは、本来の相続財産に対して、一般に「みなす相続財産」と呼ばれており、例えば次のようなものがあります。

なお、この場合において、①その利益を受けた人が死亡した人の相続人（相続の放棄をした人や相続権を失った人は除きます。）であるときは、相続によって取得したものとみなされ、また、②その利益を受けた人が死亡した人の相続人でないときは遺贈によって取得したものとみなされます（法3①）。

注 1 「相続の放棄をした人」とは、民法の規定により一定の期間内に家庭裁判所に相続放棄の申述をして正式に相続の放棄をした人だけをいいます。したがって正式に放棄の手続をとらないで事実上相続によって財産を取得しなかったような人は相続を放棄した人とはいいません（相通3－1）。

2 「相続権を失った人」とは、民法の規定による欠格事由に該当する人や推定相続人の廃除の請求に基づいて相続権を失った人だけをいい、推定相続人の廃除の取消しのあった人は相続権を失った人とはいいません（相通3－2）。

(1) 生命保険金

被相続人の死亡によって取得した生命保険契約の保険金や偶然な事故に基因する死亡に伴い支払われる損害保険契約の保険金（以下「生命保険金等」といいます。）で、その保険料の全部又は一部を被相続人が負担したもののうち、次の算式で計算した金額に相当する部分（法3①Ⅰ）。

$$生命保険金等の額 \times \frac{被相続人が負担した保険料の額}{払込保険料の総額}$$

【設例】

甲は、父が死亡したことによって600万円の生命保険金を受け取りましたが、この保険契約に係る保険料は、父が200万円、兄が100万円を負担しています。この場合に甲が父から相続によって取得したとみなされる金額は、次のとおりです。

父から相続によって取得したとみなされる金額

$$600万円 \times \frac{200万円(父)}{200万円(父)+100万円(兄)} = 400万円$$

なお、次の200万円は、兄から贈与によって取得したとみなされます。(145頁参照)

$$600万円 \times \frac{100万円(兄)}{200万円(父)+100万円(兄)} = 200万円$$

（2） 退職手当金

被相続人の死亡によって取得した被相続人に支給されるべきであった退職手当金、功労金その他これらに準ずる給与（以下「退職手当金等」といいます。）で、被相続人の死亡後3年以内に支給が確定したものをいいます（法3①Ⅱ）。

なお、退職手当金等には確定給付企業年金法（平成13年法律第50号）第3条第1項に規定する確定給付企業年金に係る規約など特定の契約等に基づいて支給を受ける年金又は一時金に関する権利が含まれます（令1の3）。

(3) 生命保険契約に関する権利

相続開始の時において、まだ保険事故（共済事故を含みます。）が発生していない生命保険契約（一定期間内に保険事故が発生しなかった場合において返還金その他これに準ずるものの支払がない生命保険契約、いわゆる掛捨ての保険契約は除かれます。）で、その保険料の全部又は一部を被相続人が負担しており、かつ、被相続人以外の人がその契約者である場合の生命保険契約に関する権利のうち、次の算式で計算した金額に相当する部分（法3①Ⅲ）。

$$\text{生命保険契約に関する権利の価額} \times \frac{\text{被相続人が負担した保険料の額}}{\text{相続開始の時までの払込保険料の総額}}$$

なお、被保険者でない保険契約者が死亡した場合の生命保険契約に関する権利については次のように取り扱われます（相通3―36）。

① その死亡した人が、その契約に係る保険料を負担している場合には、その契約に関する権利は、本来の相続財産となります。

② その死亡した人が、その契約に係る保険料を負担していない場合には課税されないことになっています。

(4) 定期金に関する権利

相続開始の時において、まだ定期金の給付事由が発生していない定期金給付契約（生命保険契約を除きます。）で、掛金や保険料の全部又は一部を被相続人が負担しており、かつ、被相続人以外の者がその契約者である場合における定期金に関する権利のうち、次の算式で計算した金額に相当する部分（法3①Ⅳ）。

$$\text{定期金給付契約に関する権利の価額} \times \frac{\text{被相続人が負担した掛金又は保険料の額}}{\text{相続開始の時までの払込掛金又は保険料の総額}}$$

(5) 保証期間付定期金に関する権利

定期金給付契約（生命保険契約などを含みます。）で定期金受取人の生存中又は一定期間内にわたり定期金を給付し、かつ、その受取人が死亡したときはその死亡後も引き続いてその遺族その他の人に対して定期金又は一時金を給付するものに関する権利のうち、次の算式で計算した金額に相当する部分（法3①V）。

$$\text{定期金給付契約に関する権利の価額} \times \frac{\text{被相続人が負担した掛金又は保険料の額}}{\text{相続開始の時までの払込掛金又は保険料の総額}}$$

(6) 契約に基づかない定期金に関する権利

被相続人の死亡によって受ける定期金（定期金に係る一時金を含みます。）に関する権利で、契約に基づかないもの（恩給法の規定による扶助料に関する権利を除きます。）に関する権利（法3①Ⅵ）。

ここでいう、契約に基づかない定期金に関する権利には、退職年金契約に基づき継続受取人に支払われる退職年金のほか、法律（国家公務員共済組合法、地方公務員等共済組合法、船員保険法、厚生年金保険法など）の規定による遺族年金等がありますが、この遺族年金等については、それぞれの法律に非課税規定が設けられているので、これらについては相続税は課税されません（相通3—46）。

したがって、実際に相続税がかかるのは退職年金契約に基づき継続受取人に支払われる退職年金などに限られます。

(7) 遺贈により取得したものとみなす場合（寄与分）

民法第958条の3第1項の規定によって、相続財産法人（「相続人のあることが明らかでないときは、相続財産は、これを法人とする」（民法951））に係る財産の全部又は一部を与えられた場合においては、その与えられた人が、その与えられた時におけるその財産の時価に相当する金額を、その財産に係る被相続人から遺贈によって取得したものとみなされて相続税が課税されます（法4①）。

また、特別寄与者が支払を受けるべき特別寄与料の額が確定した場合においては、当該相当額を被相続人から遺贈により取得したものとみなされて相続税が課税されます（法4②）。

注　財産分与を受けた人の相続税の申告書の提出期限は、財産の分与が行われたことを知った日の翌日から10か月を経過する日となります（法29①）。

（8）信託に関する権利

財産を信託するときには、信託契約により委託者が受益者（その信託から生ずる利益を受ける者）を指定することになっていますが、この受益者が委託者以外の者であるときは、委託者の死亡に基因してその信託の効力が生じた時に、受益者がその信託の受益権（その信託の利益を受ける権利）をその委託者から遺贈によって取得したものとみなされます（法9の2①）。

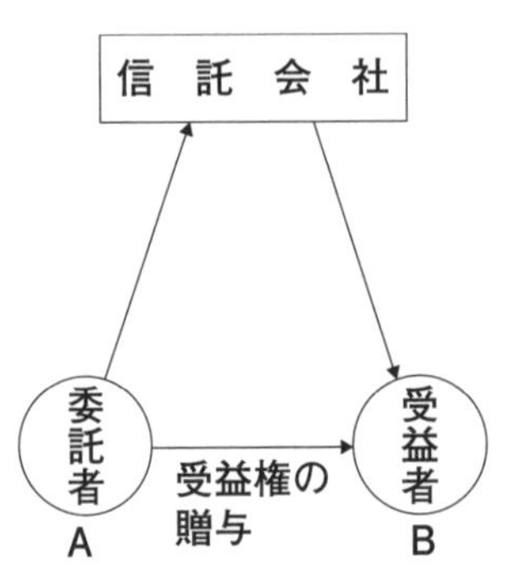

なお、この場合の受益者が、信託の利益の一部についての受益者であっても、その受益権のうちその利益に相当する部分が遺贈によって取得したものとみなされます。

注　1　信託とは、一定の目的に従って他人に自分の財産の管理又は処分をさせるため、その者に財産を移転することをいいます。

2　受益権には、その信託財産から生ずる利益を受ける「収益の受益権」と信託期間の満了により信託財産の元本を受ける「元本の受益権」とがありますが、このいずれをも含みます。
3　この場合、退職年金の支給を目的とする次の信託は除かれます（令1の6）。
⑴　確定給付企業年金法第65条第3項に規定する資産管理運用契約に係る信託
⑵　確定拠出年金法第8条第2項に規定する資産管理契約に係る信託
⑶　法人税法附則第20条第3項に規定する適格退職年金契約その他退職給付金に関する信託
⑷　⑴から⑶以外の退職給付金に関する信託で、その委託者の使用人（法人の役員を含みます。）やその遺族をその信託の受益者とするもの

受益者の変更等（法9の2②）、受益者の一部不存在（法9の2③）、信託の終了（法9の2④）、それぞれの事由が受益者の死亡に基因して生じたときに、その受益者となった者が、その信託の受益権を、遺贈によって取得したものとみなされます。

3　相続開始前7年以内に被相続人から贈与を受けた財産

相続や遺贈によって財産を取得した人及び相続時精算課税の適用を受ける贈与によって財産を取得した人が、その相続の開始前7年（改正前3年）以内にその相続に係る被相続人から暦年課税分の贈与によって取得した財産（以下「相続開始前7年（改正前3年）以内の贈与財産」といいます。）がある場合には、その人については、その贈与によって取得した財産（非課税財産及び特定贈与財産（48頁の上 注 3参照）を除きます。）の価額（加算される対象贈与財産のうち当該相続の開始前3年以内に取得した財産以外の財産に

あっては、当該財産の価額の合計額から100万円を控除した残額）を相続税の課税価格に加算した上で、相続税の総額や各相続人などの相続税額を計算することとされています（法19①）。

注 1　改正は、令和６年１月１日以後に贈与により取得した財産に適用されます。

2　令和６年１月１日から令和８年12月31日までの間に相続又は遺贈により財産を取得する者は、加算は７年ではなく３年となります。

3　令和９年１月１日から令和12年12月31日までの間に相続又は遺贈により財産を取得する者は、加算は令和６年１月１日から当該相続の開始の日までの間となります。

4　相続時精算課税の適用を受けた財産

特定贈与者（相続時精算課税に係る贈与者）について相続が開始した時のこの特定贈与者に係る相続税は、特定贈与者が贈与した財産も相続税の課税対象となります（法21の15①、21の16①）。

5　贈与税の納税猶予を受けた農地等

農地等の生前一括贈与を受けた場合に、一定の条件にあてはまるときは、その贈与税の納税猶予（昭和49年以前の農地等の生前一括贈与については、納期限の延長）が認められることになっていますが、その贈与者が死亡した場合には、生前一括贈与を受けた農地等は、農地の贈与を受けた人が被相続人（死亡した贈与者）から相続や遺贈によって取得したものとみなされ、相続開始時における時価で相続税が課税されます（措法70の５、70の４）。

農地等の贈与者が死亡した場合には、納税を猶予されていた贈与税は免除されますが、この場合、その納税猶予を受けていた農地等は、相続税がかかることになります（措法70の５）。

イ　贈与のあった農地等は、その受贈者が相続によって取得したものとみなされます。なお、受贈者が相続を放棄したときは、遺贈によって取得したものとみなされます。

ロ　相続財産に含める贈与農地等の価額は、その相続開始の時における価額によります（贈与者の死亡前に受贈者が贈与農地等の一部を譲渡などしたため、既に納めている贈与税があるときは、その譲渡などをした農地等の価額を除きます。）

注　生前一括贈与によって取得した農地等を、相続や遺贈によって取得したものとみなされて相続税が課税された場合には、一定の要件の下に、その相続税について納税猶予の特例が受けられます（第10章の５参照）。

6　贈与税の納税猶予を受けた非上場株式等

非上場株式等についての贈与税の納税猶予の規定の適用を受けた場合は、この贈与税の贈与者が死亡した時には、この納税猶予の規定の適用の対象となった受贈非上場株式等、特例対象受贈非上場株式等は、この贈与者の死亡に係る相続税の課税対象となります（措法70の７の３、70の７の７）。

この場合において、相続税の課税価格の計算の基礎に算入するこの納税猶予の対象となった受贈非上場株式等、特例対象受贈非上場株式等の価額は、贈与の時における価額です。

5 相続税の非課税財産

〔ポイント〕

相続税は、次に掲げる財産には課税されません。

1　皇室経済法の規定によって皇位とともに皇嗣が受けた物

2　墓所、仏壇、位はい、仏像などで日常礼拝の用に供しているもの

3　宗教、慈善、学術その他公益を目的とする事業を行う人が、相続や遺贈によって取得した公益事業用財産

4　心身障害者共済制度に基づく給付金の受給権

5　相続人が受け取った死亡生命保険金等でその合計額のうち一定金額

保険金の非課税限度額＝500万円×法定相続人の数

6　相続人が受け取った死亡退職手当金等でその合計額のうち一定金額

退職手当金等の非課税限度額＝500万円×法定相続人の数

7　相続や遺贈によって取得した財産を国等に贈与した場合の贈与財産（88頁を参照）

8　相続や遺贈によって取得した財産に属する金銭を特定の公益信託の信託財産とするために支出した場合の金銭（90頁を参照）

相続税は、原則として、相続や遺贈によって取得したすべての財産が課税対象となります。しかし、相続や遺贈によって取得した財産の中にはその財産の性質からみて、社会政策的な見地、国民感情などから相続税の課税対象とすることが適当でない財産があります。そこで、相続税法では、このような財産については相続税の課税の対象としないこととしています。このような財産を相続税の非課税財産といいます（法12、措法70）。

1　皇位とともに皇嗣が受けた物（法12①Ⅰ）

三種の神器などのように、皇位継承によって受け継がれる由緒のある物は、憲法上の特殊な地位に随伴するものであるとともに、自由に処分することができない性質のものであるばかりでなく、また、国家的な見地からも課税するのが適当でないと考えられるために非課税とされています。

2　墓所、霊びょう及び祭具並びにこれらに準ずるもの（法12①Ⅱ）

ここでいう「墓所、霊びょう」には、墓地、墓石やおたまやのようなもののほか、これらのものの尊厳の維持に必要な土地その他の物件をも含みます（相通12―1）。

また、「これらに準ずるもの」とは、庭内神し、神たな、神体、神具、仏壇、位はい、仏像、仏具、古墳などで日常礼拝の用に供しているものをいいますが、商品、骨とう品又は投資の目的で所有しているものは、これに含まれません（相通12―2）。

3　公益事業を行う者が相続や遺贈によって取得した財産（法12①Ⅲ）

ここで、公益事業とは、専ら社会福祉事業、更生保護事業、学校教育法第１条による学校（小学校、中学校、高等学校、大学、高等専門学校、盲学校、聾学校、養護学校及び幼稚園をいいます。）を設置し、運営する事業その他の宗教、慈善、学術その他公益を目的とする事業で、その事業活動によって文化の向上、社会福祉への貢献その他公益の増進に寄与することが著しいと認められる事業を行うものとされています。

しかし、その財産を取得したものが、その財産を相続や遺贈によって取得した日から２年を経過した日において、なお公益事業の用に供していない場合においては、さかのぼって、その財産の価額を相続税の課税価格に算入することになっています（法12②）。

4　心身障害者共済制度に基づく給付金の受給権（法12①Ⅳ）

精神若しくは身体に障害のある人又はその障害のある人を扶養する人が、条例の規定により地方公共団体が精神又は身体に障害のある人に対して実施する共済制度（令２の２）に基づいて支給される給付金を受ける権利を取得した場合におけるその給付金の受給権の価額は、相続税の課税価格の計算の基礎に算入されません。

5　死亡生命保険金等の一定金額（法12①Ⅴ）

被相続人の死亡によって相続人が受け取った生命保険金等のうち、被相続人が負担した保険料に対応する部分の金額については、その相続により取得したものとみなされた保険金の合計額のうち、次の①又は②の区分に応じ、それぞれ①又は②に掲げる金額に相当する部分について相続税がかからないことになっています。

注　相続を放棄した者又は相続権を失った者が取得した生命保険金等は、この非課税の規定の適用はありません（基通12―8）。

① すべての相続人の取得した生命保険金等の合計額が500万円に相続人の数を乗じて算出した金額（以下「保険金の非課税限度額」といいます。）以下である場合……すべての相続人の取得した生命保険金等の金額

保険金の非課税限度額の計算を算式で示せば、次のとおりです。

保険金の非課税限度額 ＝ 500万円 × 法定相続人の数

注　「すべての相続人」の相続人には「相続を放棄した者及び相続権を失った者」を含みません。
　この場合の「法定相続人の数」とは、「法15条で規定する相続人の数」です（50頁参照）。

② すべての相続人の取得した生命保険金等の合計額が保険金の非課税限度額を超える場合……保険金の非課税限度額にすべての相続人が取得した生命保険金等の合計額のうちにその相続人の取得した保険金の合計額の占める割合を乗じて算出した金額

これを算式で示せば、次のとおりです。

$$\text{保険金の非課税限度額} \times \frac{\text{その相続人が取得した生命保険金等の合計額}}{\text{すべての相続人が取得した生命保険金等の合計額}} = \text{その相続人の非課税金額}$$

【設例】

課税される部分の生命保険金等の金額の計算例

法定相続人は、甲、乙、丙及び丁の４人ですが、丙は相続を放棄しました。

なお、保険料は、すべて被相続人が負担していたものとします。

保険金受取人	Y保険会社	Z保険会社	計
甲(相続人)	400万円	200万円	600万円
乙(相続人)	600万円	200万円	800万円
丙(相続を放棄した人)	50万円	40万円	90万円
丁(相続人)	1,100万円	——	1,100万円

上記の場合において、各人の相続税の課税価格に算入される金額は、次のようになります。

(1) 非課税とされる部分の金額

① 保険金の非課税限度額

500万円 × 4(法定相続人の数) ＝ 2,000万円

② すべての相続人が取得した保険金の合計額

600万円(甲) ＋ 800万円(乙) ＋ 1,100万円(丁) ＝ 2,500万円

③ 各人の非課税部分の金額

甲　$2{,}000万円 \times \frac{600万円}{2{,}500万円} = 480万円$

乙　$2{,}000万円 \times \frac{800万円}{2{,}500万円} = 640万円$

丁　$2{,}000万円 \times \frac{1{,}100万円}{2{,}500万円} = 880万円$

注　丙は相続を放棄しているため非課税とされる部分の金額はありません。

(2)　相続税の課税価格に算入される金額

甲	600万円	－	480万円	(非課税金額)	＝ 120万円
乙	800万円	－	640万円	(　〃　)	＝ 160万円
丙	90万円	－	0	(　〃　)	＝ 90万円
丁	1,100万円	－	880万円	(　〃　)	＝ 220万円

6　死亡退職手当金等の一定金額（法12①Ⅵ）

被相続人の死亡によって、被相続人に支給されるべきであった退職手当金等を相続人が受け取った場合には、その受け取った退職手当金等の合計額のうち、次の①又は②の区分に応じ、それぞれ①又は②に掲げる金額に相当する部分については、相続税がかからないことになっています。この場合、相続を放棄した者又は相続権を失った者が取得した退職手当金等は、法第12条第1項第6号に規定する「相続人の取得した」ものではないので、この非課税の規定の適用はないことになります。その他非課税部分の計算方法等は、生命保険金等の場合と同様です（相通12—10）。

①　すべての相続人の取得した退職手当金等の合計額が500万円に相続人の数を乗じて算出した金額（以下「退職手当金等の非課税限度額」といいます。）以下である場合……すべての相続人の取得した退職手当金等の金額

退職手当金等の非課税限度額の計算を算式で示せば、次のとおりです。

退職手当金等の非課税限度額 ＝ 500万円 × 法定相続人の数

注　「すべての相続人」の相続人には「相続を放棄した者及び相続権を失った者」を含みません。
この場合の「法定相続人の数」とは、「法15条で規定する相続人の数」です（50頁参照）。

② すべての相続人の取得した退職手当金等の合計額が退職手当金等の非課税限度額を超える場合……退職手当金等の非課税限度額にすべての相続人が取得した退職手当金等の合計額のうちにその相続人の取得した退職手当金等の合計額の占める割合を乗じて算出した金額

これを算式で示せば、次のとおりです。

$$\text{退職手当金等の非課税限度額} \times \frac{\text{その相続人が取得した退職手当金等の合計額}}{\text{すべての相続人が取得した退職手当金等の合計額}} = \text{その相続人の非課税金額}$$

【設例】

課税される部分の退職手当金等の金額の計算例

被相続人甲の死亡によって、退職手当金4,500万円が支給されました。法定相続人は、A、B、C及びDの4人ですが、Dは相続を放棄しました。各人の受取金額は、A 1,000万円、B 1,700万円、C 1,300万円、D 500万円です。

上記の場合において、各人の相続税の課税価格に算入される金額は、次のようになります。

(1) 非課税とされる部分の金額

① 退職手当金等の非課税限度額

500万円 × 4（法定相続人の数）＝ 2,000万円

② すべての相続人が取得した退職手当金の合計額

1,000万円（A）＋ 1,700万円（B）＋ 1,300万円（C）＝ 4,000万円

③　各人の非課税部分の金額

A　$2,000万円 \times \frac{1,000万円}{4,000万円} = 500万円$

B　$2,000万円 \times \frac{1,700万円}{4,000万円} = 850万円$

C　$2,000万円 \times \frac{1,300万円}{4,000万円} = 650万円$

注　Dは相続を放棄しているため非課税とされる部分の金額はありません。

(2)　相続税の課税価格に算入される金額

A　1,000万円 － 500万円(非課税金額) ＝ 500万円

B　1,700万円 － 850万円(　〃　) ＝ 850万円

C　1,300万円 － 650万円(　〃　) ＝ 650万円

D　500万円 －　0　(　〃　) ＝ 500万円

6 相続税の課税価格の計算

〔ポイント〕

1．課税価格の計算式

取得財産の価額＋相続時精算課税適用財産の価額－債務及び葬式費用の金額＋加算される暦年課税分の贈与財産価額

2．無制限納税義務者（居住無制限納税義務者及び非居住無制限納税義務者をいいます。）の場合は、その取得した財産の価額及び相続時精算課税の適用を受ける財産の価額の合計額が相続税の課税価格となります。

3．制限納税義務者（15頁参照）の場合は、その取得した財産のうち、日本国内にある財産の価額及び相続時精算課税の適用を受ける財産の価額の合計額が相続税の課税価格となります。

4．特定納税義務者（15頁参照）の場合は相続時精算課税の適用を受ける財産の価額の合計額が相続税の課税価格となります。

5．相続税の課税価格の計算において控除できる債務

① 被相続人の債務で控除できる債務の金額は、確実と認められるものに限られます。

② 相続税がかからない財産の取得、維持又は管理のために生じた債務については、控除できません。

1　課　税　価　格

相続税は、相続や遺贈によって取得した財産及び相続時精算課税の適用を受ける贈与によって取得した財産の価額を課税標準として課されることになっています。相続税法では、この課税標準のことを相続税の課税価格といっています。したがって、相続税額を計算する場合には、まず、この相続税の課税価格を計算しなければなりません。

(1)　納税義務の範囲

相続税の課税価格は、無制限納税義務者（居住無制限納税義務者及び非居住無制限納税義務者をいいます。以下同じです。)、制限納税義務者、特定納税義務者のいずれであるかにより、次のとおりになっています。

イ　無制限納税義務者の場合

その取得したすべての財産の価額の合計額が相続税の課税価格になります（法11の2①)。

ロ　制限納税義務者の場合

その取得した財産のうち日本国内にある財産（相続時精算課税の適用を受ける財産については国内、国外を問いません。）の価額の合計額が相続税の課税価格になります（法11の2②)。

なお、財産の所在については、42頁を参照してください。

注　これらの財産の価額には、相続税がかからない財産の価額は含まれません。

ハ　特定納税義務者

特定贈与者について相続が開始した時の相続時精算課税適用者に係る相続税の課税価格は、次のとおりとなります。

特定贈与者からの贈与により取得した相続時精算課税の適用を受ける財産をその特定贈与者から相続（相続時精算課税適用者が被相続人である特定贈与者の相続人以外の人である場合には遺贈）により取得したものとみなして相続税の課税価格を計算することになります（法21の16①）。なお、相続税の課税価格に算入される際の相続時精算課税の適用を受ける財産の価額は、その贈与時の価額になります（法21の16③）。

また、農地等を贈与した場合の贈与税の納税猶予適用者、非上場株式等についての贈与税の納税猶予適用者については次のとおりです。

ニ　農地等の贈与税の納税猶予適用者

農地等を贈与した場合の贈与税の納税猶予（措法70の４）の規定により贈与税の納税の猶予があった場合において、農地等の贈与者が死亡したときは、この贈与税の死亡に係る相続税については、農地等の受贈者がこの猶予の対象となった農地等をその贈与者から相続（受贈者が相続の放棄をした場合には、遺贈）により取得したものとみなして相続税の計算をします。

この場合において、相続税の課税価格の計算の基礎に算入すべき当該農地等の価額は、その死亡の日における価額により計算します（措法70の５）。

ホ　非上場株式等の贈与税の納税猶予適用者

非上場株式等についての贈与税の納税猶予制度の適用を受けている場合は、この制度に係る贈与者が死亡した際の相続税については、この制度適用者である経営承継受贈者がこの贈与者から相続（経営承継受贈者が贈与者の相続人以外の者である場合には、遺贈）によりこの贈与税の納税猶予を受けている特例受贈非上場株式等を取得したものとみなして相続税を計算することとなっています。この場合において、その死亡による相続又は遺贈に係る相続税の課税価格の計算の基礎に算入すべきこの特例受贈非上場株式等の価額については、贈与の時における価額を基礎として計算します（措法70の7の3）。

（2） 課税価格の計算

遺産が分割されている場合は、各人について次の算式により計算します。

取得財産の価額 ＋ 相続時精算課税適用財産の価額 − 債務及び葬式費用の金額 ＋ 加算される暦年課税分の贈与財産価額

（3） 遺産が未分割である場合

相続税の申告書を提出する時までに、相続人などの間で個々の遺産を誰が取得するのか決まっていない場合には、各共同相続人又は包括受遺者が民法（第904条の2を除きます。）に規定する相続分又は包括遺贈の割合に従って遺産を取得したものとして、各相続人などの相続税の課税価格を計算します（法55）。

【財産の所在】（法10）

① 動産若しくは不動産又は不動産の上に存する権利

動産又は不動産の所在。ただし、船舶又は航空機については、船籍又は航空機の登録をした機関の所在

② 鉱業権若しくは租鉱権又は採石権

鉱区又は採石場の所在

③ 漁業権又は入漁権

漁場に最も近い沿岸の属する市町村又はこれに相当する行政区画

④　金融機関に対する預金、貯金、積金

預金、貯金、積金の受入れをした営業所又は事業所の所在

⑤　保険金

保険の契約に係る保険会社の本店又は主たる事務所の所在

⑥　退職手当金、功労金

支払った者の住所又は本店若しくは主たる事務所の所在

⑦　貸付金債権

債務者の住所又は本店若しくは主たる事務所の所在

⑧　社債、株式

社債、株式の発行法人の本店又は主たる事務所の所在

⑨　法人税法に規定する集団投資信託又は法人課税信託に関する権利

信託の引受けをした営業所、事務所その他これらに準ずるものの所在

⑩　特許権、実用新案権、意匠権若しくはこれらの実施権で登録されているもの、商標権又は回路配置利用権、育成者権若しくはこれらの利用権で登録されているもの

その登録をした機関の所在

⑪　著作権、出版権又は著作隣接権でこれらの権利の目的物が発行されているもの

これを発行する営業所又は事業所の所在

⑫　法第7条の規定により贈与により取得したものとみなされる金銭

そのみなされる基因となった財産の種類に応じ、この条に規定する場所

⑬　上記に掲げる財産を除くほか、営業所又は事業所を有する者の当該営業所又は事業所に係る営業上又は事業上の権利

その営業所又は事業所の所在

⑭　国債又は地方債

日本国内にあるものとされます。

⑮　外国又は外国の地方公共団体その他これに準ずるものの発行する公債

外国にあるものとされます。

⑯　上記に規定する財産以外の財産の所在

財産の権利者であった被相続人の住所の所在によります。

注　財産の所在の判定は、当該財産を相続、遺贈又は贈与により取得した時の現況によります。

2　債務及び葬式費用

相続人又は包括受遺者が相続や遺贈によって取得した財産及び相続時精算課税の適用を受ける財産の価額から次に掲げる債務の金額と葬式費用の額のうち、その人が負担する部分の金額をそれぞれ控除した残額が相続税の課税価格になります（法13、21の15②、令5の4）。

なお、制限納税義務者と特定納税義務者のうち相続開始の時において日本国内に住所を有しない人については、債務控除の対象となる債務の範囲が制限されているほか、葬式費用を控除することはできません。

注　1　相続を放棄した人及び相続権を失った人が負担する債務につい

ては、たとえその人が遺贈によって財産を取得している場合であっても、その財産の価額から控除することはできません。

しかし、葬式費用を実際に負担した場合には、その負担した金額を控除しても差し支えないことになっています（相通13―１）。

2　債務の金額及び葬式費用の額は、相続税の課税価格に加算される相続開始前３年以内の贈与財産の価額からは、控除することはできません（相通19―５）。

（１）　債務の範囲

取得した財産の価額から控除することができる債務の金額は、確実と認められるものに限られます。債務が確実であるということは、必ずしも書面による証拠があることを必要とするという意味ではありません。また、債務の金額が確定していなくても債務のあることが確実と認められるものについては、相続開始当時の現況によって確実であると認められる範囲の金額を控除することができます（法13、14、相通14―１）。

しかし、墓所、霊びょう、祭具類など及び宗教、慈善、学術その他公益事業用の財産で相続税がかからないことになっている財産の取得、維持又は管理のために生じた債務については、控除することができません（法13③）。

また、保証債務は、原則債務として控除することはできませんが、連帯債務については、被相続人の負担すべき金額が明らかな場合には、その金額を債務として控除することができます（相通14―３）。

①　無制限納税義務者等

控除することができる債務には、借入金や未払金などのほか、公租公課で被相続人の死亡の際、納税義務が確定していたもの及び相続人又は包括受遺者が納付し、又は徴収される被相続人の所得税、相続税、贈与税、地価税、再評価税、登録免許税、自動車重量税、消費税、酒税、たばこ税、揮発油税、地方道路税、石油ガス税、航空機燃料税、石油石炭税及び印紙税その他の公租公課の額が含まれます（法14②）。

② 制限納税義務者等

制限納税義務者と特定納税義務者のうち相続開始の時において日本国内に住所を有しない人の債務控除の対象となる債務は、相続又は遺贈により取得した財産のうち相続税が課税されるものについての次のような債務です（法13②、21の15②、令５の４①）。

イ　その財産に係る公租公課

ロ　その財産を目的とする留置権、特別の先取特権、質権又は抵当権で担保される債務

ハ　その財産の取得、維持又は管理のために生じた債務

ニ　その財産に関する贈与の義務

ホ　被相続人が死亡の際日本国内に営業所又は事業所を有していた場合においては、その営業所又は事業所に係る営業上又は事業上の債務

③ 特別寄与者

特別寄与者が支払を受けるべき特別寄与料の額が特別寄与者に係る課税価格に算入される場合においては、特別寄与料を支払うべき相続人が相続又は遺贈により取得した財産については、当該相続人に係る課税価格に算入すべき金額は、当該財産の価額から当該特別寄与料の額のうちその者の負担に属する部分の金額を控除した金額になります。

（２） 葬式費用の範囲

被相続人の葬式に要した費用で取得した財産の価額から控除することができる葬式費用は、次に掲げるものです（相通13―４）。

イ　葬式若しくは葬送に際し、又はそれらの前において、埋葬、火葬、

納骨又は遺がい、遺骨の回送などに用した費用（仮葬式と本葬式とを行った場合にはその両方に要した費用）

ロ　葬式に際して施与した金品（戒名料、お布施など）で、被相続人の職業、財産その他の事情に照らして相当と認められるものに要した費用

ハ　上記イ又はロに掲げたもののほか、葬式の前後に生じた出費で通常葬式に伴うものと認められるもの

ニ　死体の捜索又は死体、遺骨の運搬に要した費用

なお、次に掲げるようなものは、葬式費用ではありませんので控除することはできません（相通13―5）。

イ　香典返戻費用

ロ　墓碑や墓地の買入費用又は墓地の借入料

ハ　初七日その他法会のための費用

ニ　医学上又は裁判上の特別の処置のための費用

注　制限納税義務者と特定納税義務者のうち相続開始の時において日本国内に住所を有しない人については、葬式費用を控除することはできません。

3　相続開始前７年以内に被相続人から取得した財産

相続や遺贈によって財産を取得した人及び相続時精算課税の適用を受ける贈与によって財産を取得した人が、その相続の開始前７年（改正前３年）以内にその相続に係る被相続人から暦年課税分の贈与によって取得した財産（以下「相続開始前７年（改正前３年）以内の贈与財産」といいます。）がある場合には、その人については、その贈与によって取得した財産（非課税財産及び特定贈与財産を除きます。）の価額（加算される対象贈与財産のうち

当該相続の開始前３年以内に取得した財産以外の財産にあっては、当該財産の価額の合計額から100万円を控除した残額）を債務控除後の相続税の課税価格に加算した上で、相続税の総額や各相続人などの相続税額を計算することとされています（法19①）。

注　1　「相続の開始前３年以内」とは、相続開始の日からさかのぼって３年目の応当日からその相続開始の日までの期間をいいます（相通19―２）。

2　暦年課税、相続時精算課税については贈与税編を参照してください。

3　「特定贈与財産」とは、被相続人の配偶者（贈与を受けた時において被相続人との婚姻期間が20年以上である配偶者に限ります。）が、贈与を受けた贈与税の配偶者控除の対象となる居住用不動産又は金銭で、次に掲げる区分に応じ、それぞれに掲げる部分をいいます。

①　その贈与が相続開始の年の前年、前々年又は前々々年にされた場合で、その贈与につき贈与税の配偶者控除を受けているとき
　その財産のうち適用を受けた贈与税の配偶者控除額に相当する部分

②　その贈与が相続開始の年にされた場合で、その配偶者が被相続人からの贈与について既に贈与税の配偶者控除の適用を受けていない人であるとき
　その財産について贈与税の配偶者控除の適用があるものとした場合に控除されることとなる配偶者控除額（2,000万円が限度となります。）に相当する部分としてその人が選択した部分

注　1　改正は、令和６年１月１日以後に贈与により取得した財産に適用されます。

2　令和６年１月１日から令和８年12月31日までの間に相続又は遺贈により財産を取得する者は、加算は７年ではなく３年となります。

3　令和９年１月１日から令和12年12月31日までの間に相続又は遺贈により財産を取得する者は、加算は令和６年１月１日から当該相続の開始の日までの間となります。

相続税の基礎控除額の計算

〔ポイント〕

1．基礎控除額
3,000万円＋（600万円×法定相続人の数）
2．法定相続人の数
(1) 原則
民法第五編第二章（相続人）の規定による相続人の数
(2) 相続の放棄があった場合
その放棄がなかったものとした場合の相続人の数
(3) 養子がある場合
相続人の数に算入する数に制限があります。

1 遺産に係る基礎控除額

遺産に係る基礎控除額とは、相続税の総額を計算する場合に相続税の課税価格の合計額から差し引く控除額で、相続税の課税最低限でもあります。つまり、被相続人の遺産の総額から債務と葬式費用の額を控除した残額に相続開始前３年以内の贈与財産の価額を加算した額（各人の相続税の課税価格の合計額）が、この遺産に係る基礎控除額以下であれば、その被相続人の死亡によって誰がいくらの財産を取得しても、相続税は誰にもかからないということです。

この遺産に係る基礎控除額は、次の算式によって計算します（法15）。

3,000万円 ＋（600万円 × 法定相続人の数）＝ 遺産に係る基礎控除額

2　法定相続人の数

算式中の法定相続人の数とは、民法に規定する相続人の数をいいますが、相続の放棄をした人がいる場合には、相続の放棄をしなかったものとした場合の相続人の数をいいます（法15②）。

したがって、相続の放棄をした人がいても遺産に係る基礎控除額には変わりがありません。

①　養子の数の制限

被相続人に養子がある場合には、遺産に係る基礎控除額を計算するときの相続人の数に算入する養子の数は、次のとおりです（法15②）。

イ　被相続人に実子がいる場合には1人

ロ　被相続人に実子がいない場合には2人まで

②　実子とみなす場合

次に掲げる者は実子とみなされます（法15③）。

イ　民法第817条の2第1項に規定する特別養子縁組による養子となった者

ロ　被相続人の配偶者の実子（配偶者の特別養子を含みます。）で養子となった者

ハ　実子又は養子の代襲相続人となったその者の直系卑族

注　1　法定相続人の数に含める養子の数の制限の規定及び次の否認の規定は、次の相続税の計算に限って適用されることとなります。
①　相続税の遺産に係る基礎控除額の計算
②　相続税の総額の計算
③　生命保険金等の非課税限度額の計算
④　退職手当金等の非課税限度額の計算
2　1人又は2人の養子の数を上記の相続税の計算に当たって法定相続人の数に算入することが相続税の負担を不当に減少させる結

果となると認められる場合においては、たとえ１人であっても養子の数を法定相続人の数に含めないこととすることができる旨の規定が設けられています（法63)。

3 遺産に係る基礎控除額の計算例

【基本】

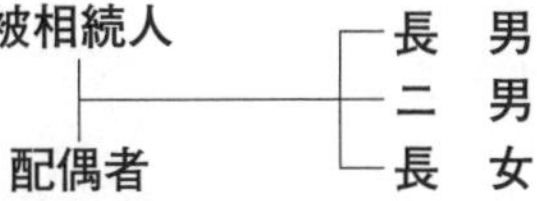

（法定相続人の数）

配偶者・長男・二男・長女の４人

（遺産に係る基礎控除額）

3,000万円 ＋（600万円 × ４）＝ 5,400万円

【養子がいる場合】

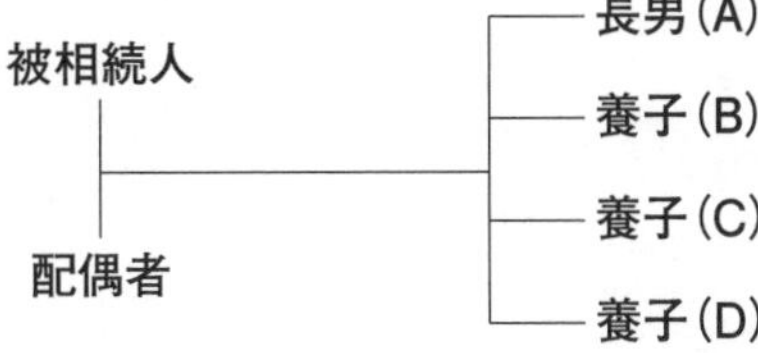

（法定相続人の数）

配偶者・長男(A)・(養子(B)・養子(C)・養子(D)) の３人

養子のうち１人だけを
法定相続人の数に含める

注 民法の相続人
配偶者・長男（A)・養子（B)・養子（C)・養子（D)

（遺産に係る基礎控除額）

3,000万円 ＋（600万円 × ３）＝ 4,800万円

相続税編　第7章　相続税の基礎控除額の計算

【代襲相続人がいる場合】

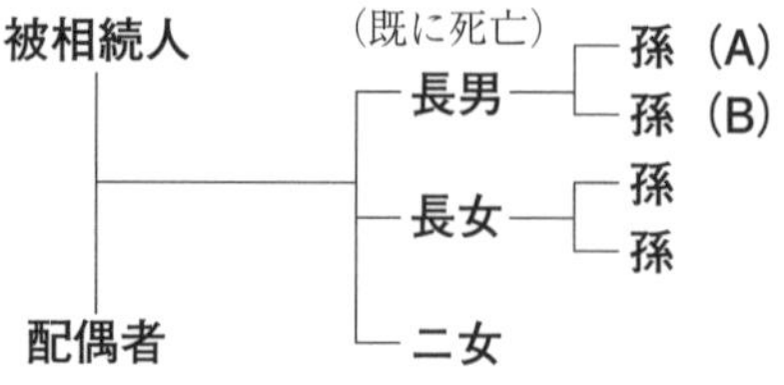

（法定相続人の数）

配偶者・孫（A）・孫（B）・長女・二女の５人

（遺産に係る基礎控除額）

3,000万円 ＋（600万円 × 5）＝ 6,000万円

【相続放棄がある場合】

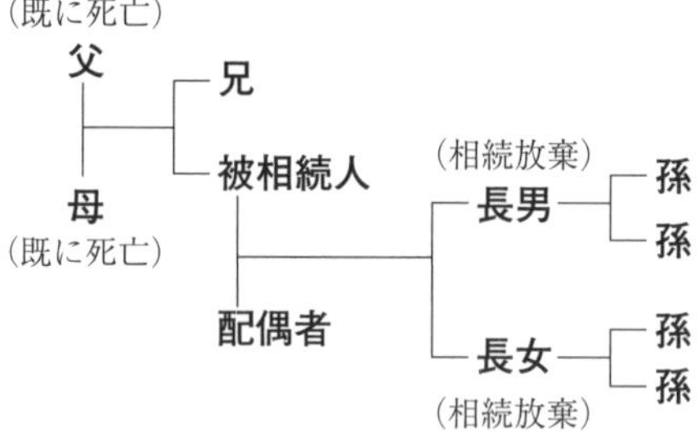

（法定相続人の数）

配偶者・長男・長女の３人

注　民法の相続人
配偶者・兄

（遺産に係る基礎控除額）

3,000万円 ＋（600万円 × 3）＝ 4,800万円

〔参考〕　相続人についての民法の規定の抜すい

（子及びその代襲者等の相続権）

第887条　被相続人の子は、相続人となる。

② 被相続人の子が、相続の開始以前に死亡したとき、又は第891条の規定に該当し、若しくは廃除によって、その相続権を失ったときは、その者の子がこれを代襲して相続人となる。ただし、被相続人の直系卑属でない者は、この限りでない。

③ 前項の規定は、代襲者が相続の開始以前に死亡し、又は第891条の規定に該当し、若しくは廃除によって、その代襲相続権を失った場合について準用する。

（直系尊属及び兄弟姉妹の相続権）

第889条 次に掲げる者は、第887条の規定によって相続人となるべき者がない場合には、次に掲げる順序の順位に従って相続人となる。

一 被相続人の直系尊属。ただし、親等の異なる者の間では、その近い者を先にする。

二 被相続人の兄弟姉妹

② 第887条第２項の規定は、前項第２号の場合について準用する。

（配偶者の相続権）

第890条 被相続人の配偶者は、常に相続人となる。この場合において、第887条又は前条の規定により相続人となるべき者があるときは、その者と同順位とする。

8 相続税の総額と各相続人等の相続税額の計算

〔ポイント〕

各相続人などの相続税の課税価格を基として相続税の総額を計算します。相続税の総額は、次の手順で計算します（法16）。

1　相続財産を取得した人全員の相続税の課税価格の合計額を計算します。

2　相続税の課税価格の合計額から遺産に係る基礎控除額を控除します。

3　2によって計算した金額を遺産に係る基礎控除額を計算する場合の法定相続人の数に応じた相続人が法定相続分（民法第900条及び第901条に規定する相続分）に応じて取得したものと仮定した場合における各相続人ごとの金額を計算します。

4　3によって計算した各相続人ごとの金額に相続税の税率を掛けてそれぞれの税額を算出します。

5　4によって算出した各相続人ごとの税額を合計して相続税の総額を計算します。

1 相続税の総額の計算

(1) 法定相続分と代襲相続分

被相続人の遺産を相続人が共同で相続する場合において、各相続人が相続財産に対して有する権利義務継承の割合のことを相続分といいます(民法899)。被相続人は、遺言で共同相続人の相続分を定めることができます(民法902)が、その指定がない場合には、民法の定めるところによって各共同相続人の相続分が決まることになります。この場合の民法第900条で規定するのが法定相続分、同法第901条で規定するのが代襲相続分で、その内容の概略は次のとおりです。

相　続　人	相　続　分	参照設例
配偶者と子 (民法900条Ⅰ、Ⅳ)	・配偶者…1/2 ・子…1/2 ・子複数…各自均等	設例1 設例2
配偶者と直系尊属 (民法900条Ⅱ)	・配偶者…2/3 ・直系尊属…1/3 ・親複数…各自均等	設例3
配偶者と兄弟姉妹 (民法900条Ⅲ、Ⅳ)	・配偶者…3/4 ・兄弟姉妹…1/4 ・兄弟姉妹複数…各自均等 ・父母の一方のみを同じくする兄弟姉妹の相続分は父母双方を同じくする兄弟姉妹の1/2	設例4
代襲相続人(相続人となる子又は兄弟姉妹が、相続開始以前に死亡していた場合や相続権を失った場合にその人に代わって相続人となる者) (民法901条)	・代襲相続人の相続分はその死亡した又は相続権を失った子又は兄弟姉妹が受けるべきであった相続分と同じ相続分 ・代襲相続人が複数あるときは、その各自の直系尊属が受けるべきであった部分について民法900条に従ってその相続分を定めます。	設例2 設例4

【設例1】

遺産が3,600万円で相続人が配偶者と子供４人の場合

配偶者の相続分　　3,600万円 × $\frac{1}{2}$ ＝ 1,800万円

子供の相続分　　3,600万円 × $\frac{1}{2}$ ＝ 1,800万円

子供４人の相続分はそれぞれ均等ですから４人の子供それぞれの相続分は

1,800万円 × $\frac{1}{4}$ ＝ 450万円　　となります。

【設例2】

遺産が6,000万円で相続人が次のような場合

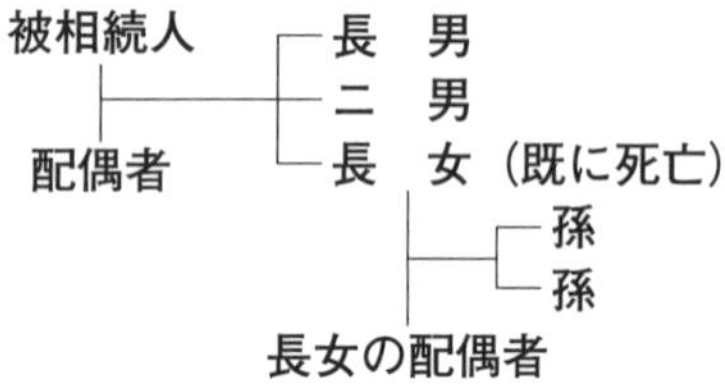

配偶者の相続分　　6,000万円 × $\frac{1}{2}$ ＝ 3,000万円

子供の相続分　　6,000万円 × $\frac{1}{2}$ ＝ 3,000万円

長男、二男及び長女のそれぞれの相続分は均等ですから長男、二男及び長女のそれぞれの相続分は

3,000万円 × $\frac{1}{3}$ ＝ 1,000万円　　となります。

代襲相続分に係る２人の孫それぞれの相続分は均等ですから

1,000万円 × $\frac{1}{2}$ ＝ 500万円　　となります。

【設例3】

遺産が6,000万円で配偶者と父母が相続人である場合

配偶者の相続分　　$6{,}000万円 \times \frac{2}{3} = 4{,}000万円$

父母の相続分　　$6{,}000万円 \times \frac{1}{3} = 2{,}000万円$

父と母の相続分は均等ですから父母それぞれの相続分は

$2{,}000万円 \times \frac{1}{2} = 1{,}000万円$　　となります。

【設例4】

遺産が4,800万円で相続人が次のような場合

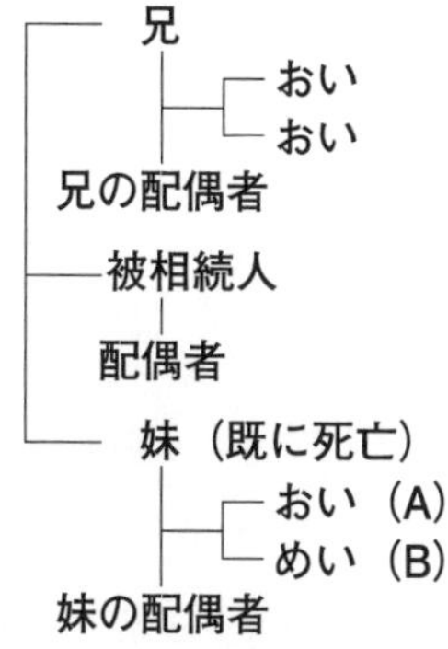

配偶者の相続分　　$4{,}800万円 \times \frac{3}{4} = 3{,}600万円$

兄弟姉妹の相続分　　$4{,}800万円 \times \frac{1}{4} = 1{,}200万円$

兄と妹の相続分はそれぞれ均等ですから兄と妹のそれぞれ相続分は

$1{,}200万円 \times \frac{1}{2} = 600万円$　　となります。

代襲相続分は妹の相続分と同じであり、おい（A）とめい（B）の代襲相続に係る相続分は均等ですからおい（A）とめい（B）のそれぞれの相続分は

$$600万円 \times \frac{1}{2} = 300万円$$ となります。

（2） 相続税の総額の計算

相続税の総額の計算手順は次のとおりです。

手順1 **課税価格の合計額の計算**

相続人など、相続や遺贈によって財産を取得した人ごとに計算した相続税の課税価格を合計して、相続税の課税価格の合計額を計算します。

手順2 **遺産に係る基礎控除額の控除**

相続税の課税価格の合計額 － 遺産に係る基礎控除額 ＝ 課税遺産総額

手順3 **法定相続分に応じた取得金額の計算**

課税遺産総額 × 法定相続人の数に応じた法定相続分 ＝ 法定相続分に応ずる取得金額（1,000円未満切捨て）

（法定相続分）

民法第900条及び第901条に規定する相続分のことをいいます。

〔法定相続人の数に応じた法定相続分の計算例〕

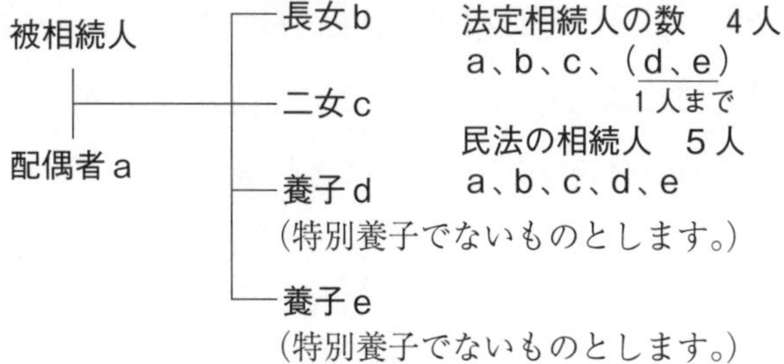

法定相続人の数に応じた法定相続分

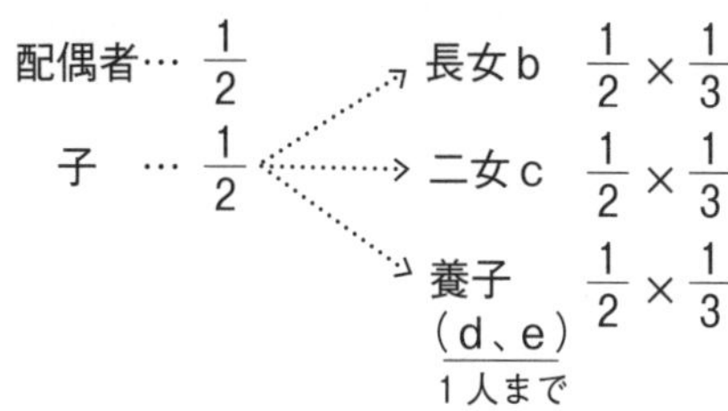

手順４

手順３によって計算した各相続人ごとの金額にそれぞれその金額が該当する階級区分に応じて、次の相続税の速算表に掲げる「税率」を乗じて計算した金額から「控除額」欄に掲げる金額を控除して、それぞれの税額を計算します。

〔相続税の速算表〕

法定相続分に応ずる取得金額	税率	控除額
1,000万円以下	10%	—
3,000万円以下	15%	50万円
5,000万円以下	20%	200万円
１億円以下	30%	700万円
２億円以下	40%	1,700万円
３億円以下	45%	2,700万円
６億円以下	50%	4,200万円
６億円超	55%	7,200万円

手順5

手順4によって計算した各相続人ごとの税額を合計し、相続税の総額を計算します。この場合において、その合計した相続税の総額に100円未満の端数がある場合には、その端数を切り捨てます（相通16―3）。

【設例】

相続人	配偶者	長男	長女	合計
課税価格	3億円	1億円	1億円	5億円

手順1

（配偶者）　（長男）　（長女）
3億円 ＋ 1億円 ＋ 1億円 ＝ 5億円

手順2

遺産に係る基礎控除額

3,000万円＋600万円×3人＝4,800万円

5億円－4,800万円＝4億5,200万円

手順3

（配偶者）

4億5,200万円×$\frac{1}{2}$＝2億2,600万円

（長男）

4億5,200万円×$\frac{1}{2}$×$\frac{1}{2}$＝1億1,300万円

（長女）

4億5,200万円×$\frac{1}{2}$×$\frac{1}{2}$＝1億1,300万円

手順 4

（配偶者）
2 億2,600万円×45％－2,700万円＝7,470万円

（長男）
1 億1,300万円×40％－1,700万円＝2,820万円

（長女）
1 億1,300万円×40％－1,700万円＝2,820万円

手順 5

7,470万円＋2,820万円＋2,820万円＝1 億3,110万円

相続税の総額は、相続税の課税価格（債務と葬式費用の金額を控除した残額に被相続人から相続開始前３年以内に贈与によって取得した財産の価額を加算した金額）の合計額と法定相続人の数及びその法定相続分とによって機械的に計算することになっていますので、遺産を相続人の間でどのように分けても、また、相続の放棄をした人があっても、相続税の総額には、変わりがないことになります。

2　各相続人等の相続税額の計算

相続や遺贈によって財産を取得した人が実際に納める相続税額は、相続税の総額を基として各人の実際の財産の取得割合に応じた相続税額を算出し、相続税額の加算の規定の適用がある場合はその加算を行い、その加算後の金額から相続税額控除を行って各人が実際に納める相続税額を計算します。

（1） 各相続人等の相続税額の算出

$$\text{相続税の総額} \times \frac{\text{その相続人又は受遺者の相続税の課税価格(B)}}{\text{その相続や遺贈により財産を取得したすべての人の相続税の課税価格の合計額 (A)}} = \text{算出相続税額}$$

（法17）

注　上記算式中の$\frac{B}{A}$の割合に小数点以下２位未満の端数がある場合において、財産を取得した人の全員が選択した方法によって各人の割合の合計値が１になるようその端数を調整して各人の相続税額を計算することができます（相通17—１）。

【設例】

相続人	配偶者	長男	長女	合計
課税価格	３億円	１億円	１億円	５億円
相続税の総額	(1億3,110万円)			
あん分割合	3/5	1/5	1/5	100%
算出税額	7,866万円	2,622万円	2,622万円	１億3,110万円

（配偶者）

$$1億3,110万円 \times \frac{3億円}{5億円} = 7,866万円$$

（長男）

$$1億3,110万円 \times \frac{1億円}{5億円} = 2,622万円$$

（長女）

$$1億3,110万円 \times \frac{1億円}{5億円} = 2,622万円$$

（2） 相続税額の加算

相続や遺贈又は相続時精算課税の適用を受ける贈与によって財産を取得した人が、被相続人の一親等の血族及び配偶者のいずれでもない人である場合には、その人の相続税額は、先のあん分計算によって算出したその人の相続税額に、その相続税額の100分の20に当たる金額を加算することになっています（法18）。

例えば、被相続人の兄弟姉妹や知人が取得した場合が該当します。

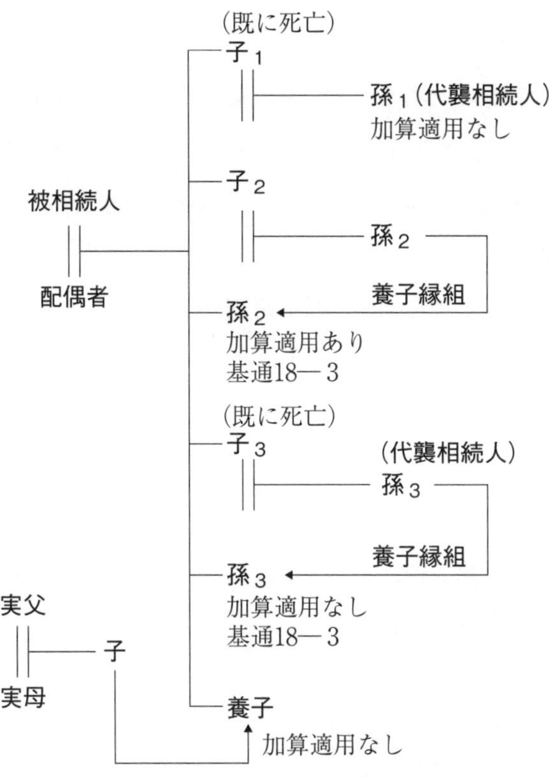

9 相続税の税額控除

〔ポイント〕

各人が実際に納める（還付される）税額は、前章で説明しました各人の算出税額から、次の控除を行った後の税額になります。

1．相続開始前７年（改正前３年）以内に贈与があった場合の贈与税額（法19）
2．配偶者に対する相続税額の軽減（法19の２）
3．未成年者控除（法19の３）
4．障害者控除（法19の４）
5．相次相続控除（法20）
6．在外財産に対する相続税額の控除（法20の２）
7．相続時精算課税分の贈与税額控除（法21の15、21の16）

各人の算出税額（a） （相続税の２割加算がある場合は加算後の金額）	
税額控除の順序（①→⑥）	
①	暦年課税分の贈与税額控除額（b）
②	配偶者の税額軽減額（c）
③	未成年者控除額（d）
④	障害者控除額（e）
⑤	相次相続控除額（f）
⑥	在外財産に対する相続税額の控除額（g）
差引税額（h） （赤字のときは０）	(h)＝(a)－(b)－(c)－(d)－(e)－(f)－(g)
相続時精算課税分の贈与税額控除額（i）	
納付	（h）＞（i）の場合
還付	（h）＜（i）の場合

相続や遺贈によって財産を取得した人又は相続時精算課税の適用をした人が実際に納める相続税額は、各人ごとの税額から、配偶者の税額軽減額や未成年者控除額などを控除して計算することになっています。そこで、それらをどのような場合に控除できるか、また、その控除額はどのようにして計算するのかを、控除額の順序に従って説明します。

1　暦年課税における贈与税額控除

(1)　概要

相続や遺贈によって財産を取得した人又は相続時精算課税適用者が、その被相続人から相続開始前７年（改正前３年）以内に暦年課税分の財産の贈与を受けている場合には、その財産の価額をその人の相続税の課税価格に加算して、相続税額を計算することになっています。この贈与財産について課された贈与税額は、その人の相続税額から控除することとなっています（法19①、21の15①②、21の16①②）。

(2)　計算式

相続税額から控除する贈与税額は、次の算式によって計算します（令4①）。

$$A \times \frac{C}{B} = \text{その年分の贈与税額のうち相続税額から控除する贈与税額}$$

算式中の符号は、次のとおりです。

A：その年分の暦年課税分の贈与税額

B：その年分の暦年課税分の贈与税の課税価格（特定贈与財産がある場合には、その価額を控除した後の課税価格）

C：その年分の贈与財産の価額の合計額のうち法第19条第１項の規

定により相続税の課税価格に加算された部分の金額（当該財産のうち同項の相続開始前３年以内に取得した財産以外の財産にあっては、当該財産の価額の合計額から同項の規定により100万円を控除する前の当該財産の価額）

注　被相続人の配偶者が、贈与を受けた財産につき、贈与税の配偶者控除を受けている場合には、その控除額相当額は、相続税の課税価格に加算されないことになっていますので、上記の算式中「C」のうちには、贈与税の配偶者控除額相当額は含まれないことになります。

【計算例】

①　被相続人甲の相続開始年月日　令和６年５月１日

②　被相続人甲の配偶者乙が、相続開始日前に贈与を受けた財産の明細及びそれに対する贈与税額

贈与を受けた年月日	贈与者	贈与を受けた財産の種類	贈与税の課税価格	贈与税額	摘　　要
令和 5. 6. 3	甲	土地及び建物	万円 2,260	万円 15	贈与税の配偶者控除（2,000万円）適用、暦年課税
令和 4.10.10 4. 4. 2	甲 丙	現　　金 現　　金	80 80	5	暦年課税
令和 3.11. 4 3. 4.20	甲 甲	土　　地 現　　金	230 230	45	暦年課税

（乙の贈与税額控除額の計算）

①　令和５年分の贈与税額に係る控除額

$$15万円 \times \frac{260万円}{2,260万円 - 2,000万円（配偶者控除額）} = 15万円$$

② 令和４年分の贈与税額に係る控除額

5万円 × 80万円[注] / 160万円 ＝ 2.5万円

[注] 丙から贈与を受けた財産の価額は、相続税の課税価格に加算されません。

③ 令和３年分の贈与税額に係る控除額

45万円 × 230万円[注] / 460万円 ＝ 22.5万円

[注] 令和３年４月20日に甲から贈与を受けた財産（現金）は、甲の相続開始前７年以内に贈与を受けた財産に該当しないので、その価額は相続税の課税価格に加算されません。

2 配偶者の税額軽減

(1) 概要

被相続人の配偶者が相続や遺贈によって財産を取得した場合に、配偶者の相続税の課税価格（実際取得額）が、課税価格の合計額に配偶者の法定相続分を乗じた相当額以下であるか、又は１億6,000万円以下である場合には、配偶者は、相続税を納税しなくてもよくなる軽減措置です。ただし、配偶者の税額軽減を受けることによって納める相続税がなくなる人であっても、相続税の申告書の提出をしなければなりません（法19の２①③）。

(2) 要件

① 配偶者

無制限納税義務者でも制限納税義務者であっても受けられますが、婚姻の届出をした者に限られます。

② 財産

この税額軽減の対象となる財産は、原則として、相続税の申告期限までに、遺産分割などにより配偶者が実際に取得した財産に限られます（法19の２②）。

※ 遺産分割協議書の記載例を巻末224頁に示しています。

（３） 計算式

配偶者の税額軽減額は、次の①に掲げる金額と②に掲げる金額とのうちいずれか少ない方の金額です（法19の２①）。

① その配偶者の算出相続税額からその配偶者の贈与税額控除額を控除した金額（法19の２①Ⅰ）。

② 次の算式によって計算した金額（法19の２①Ⅱ）。

$$\text{相続税の総額} \times \frac{\text{次の㋑の金額と㋺の金額とのうちいずれか少ない方の金額}}{\text{相続税の課税価格の合計額}}$$

㋑ 課税価格の合計額に配偶者の法定相続分（相続の放棄があった場合には、その放棄がなかったものとした場合の相続分）を乗じて計算した金額に相当する金額又は１億6,000万円のいずれか多い方の金額

㋺ 配偶者の相続税の課税価格（実際取得額）

注 被相続人から相続や遺贈によって財産を取得した人のうちのいずれかが、課税価格の計算の基礎となる事実の全部又は一部を隠ぺいし、又は仮装し、その隠ぺいし、又は仮装したところに基づいて、相続税の申告書を提出し、又は提出していなかった場合に「課税価格の合計額」等にその隠ぺいし、又は仮装した事実に基づく金額に相当する金額を含めないで計算することとなります（法19⑤⑥）。

【計算例】

相続人は、配偶者、長男、長女で遺産分割済、なお、各人の課税価格等は次の表のとおりです。

（単位：円）

相続人	配偶者	長男	長女	合計
課税価格	3億	1億	1億	5億
各人の算出税額	7,866万	2,622万	2,622万	1億3,110万
配偶者の税額軽減	6,555万			6,555万
申告納税額	1,311万	2,622万	2,622万	6,555万

配偶者の税額軽減額は、次の①に掲げる金額と②に掲げる金額とのうちいずれか少ない方の金額です。…6,555万円

① その配偶者の算出相続税額からその配偶者の贈与税額控除額を控除した金額…7,866万円

② 次の算式によって計算した金額（法19の2①Ⅱ）

$$\text{相続税の総額（1億3,110千円）} \times \frac{\text{次の㋑の金額と㋺の金額とのうちいずれか少ない方の金額（2億5,000万円）}}{\text{相続税の課税価格の合計額（5億円）}} = \text{6,555万円}$$

㋑ 課税価格の合計額に配偶者の法定相続分（相続の放棄があった場合には、その放棄がなかったものとした場合の相続分）を乗じて計算した金額に相当する金額又は1億6,000万円のいずれか多い方の金額　5億円 $\times \frac{1}{2}$ ＝ 2億5,000万円 ＞1億6,000万円

㋺ 配偶者の相続税の課税価格（実際取得額）… 3億円

●基礎控除……4,800万円

3,000万円＋600万円×３人＝4,800万円

●相続税の総額……１億3,110万円

配偶者

（5億円－4,800万円）× $\frac{1}{2}$ ×45%－2,700万円＝7,470万円

長男・長女

$(5億円-4{,}800万円)\times\frac{1}{4}\times40\%-1{,}700万円=2{,}820万円$

7,470万円＋2,820万円＋2,820万円＝１億3,110万円

●各人の算出税額

妻

$1億3{,}110万円\times\frac{3億円}{5億円}=7{,}866万円$

長男・長女

$1億3{,}110万円\times\frac{1億円}{5億円}=2{,}622万円$

（４） 手続

相続税の申告書に配偶者の税額軽減の適用を受ける旨及び配偶者の税額軽減額の計算に関する明細を記載し、遺産分割協議書等配偶者の財産の取得を証する書類を添付して提出する必要があります。

なお、申告期限までに遺産の分割がされていない場合は、配偶者の税額軽減の適用を受けたい旨、分割されいない理由、分割の見込の詳細を記載した書類を提出することにより、その後分割が行われた場合にこの税額軽減を適用することができます（法19の２②）。

（５） 申告期限後に遺産分割により財産を配偶者が取得した場合

次の場合に該当することとなったときは、それによって配偶者が取得した財産は、配偶者の税額軽減を受けることができます（法19の２②、令４の２①）。

① 相続税の申告期限後３年以内に分割された場合

② 相続税の申告期限後３年を経過する日までに分割できないやむを得ない事情があり、税務署長の承認を受けた場合で、その事情がなくなった後４か月以内に分割されたとき

上記の遺産分割によって取得した財産を含めて配偶者の税額軽減額の計算をした結果、納める相続税額が減少する人は、遺産分割が行われた日の翌日から４か月以内に税務署長あてに更正の請求書を提出することができ（法32Ⅰ、Ⅷ）、また、配偶者の税額軽減をしても、なお、納める相続税額が増加する人は、修正申告書を提出することになります（法31①）。

注 1 上記①の場合には、申告期限内に遺産分割ができないことについて、やむを得ない事情があるかどうかは問いません。

2 上記②により税務署長の承認を受けようとする人は、相続税の申告期限後３年を経過する日の翌日から２か月を経過する日までに遺産分割ができないことについてのやむを得ない事情の詳細を記載した承認申請書を提出する必要があります（令４の２②、規１の６①②）。

3 未成年者控除

（1） 概要

相続や遺贈によって財産を取得した未成年者について、満18歳に達するまでの年数１年につき10万円を控除するものです（法19の３）。

（2） 対象者

① 被相続人の民法第５編第２章《相続人》の規定による相続人であること。

注 相続の放棄があった場合には、その放棄がなかったものとした場合の相続人です。

② 居住無制限納税義務者及び非居住無制限納税義務者であること。

③ 18歳未満であること。

（3） 計算式

（18歳－相続開始時の年齢）×10万円＝未成年者控除額

【計算例】

> 相続開始時の年齢　10歳11か月である場合
>
> 相続開始時の年齢の１年未満を切り捨て　10歳11か月⇒10歳
>
> （18歳－10歳）×10万円＝80万円

（4） 未成年者の相続税から控除しきれない場合

未成年者控除額が、

未成年者控除＞その未成年者の相続税額
＝（前記２（配偶者の税額軽減）までを控除した後の税額）

であるため、その控除しきれない部分の金額は、その未成年者の扶養義務者で、同じ被相続人に係る相続税額から控除できることとされています。

（5） 過去に未成年者控除を受けている場合

未成年者控除を受けることができる人が、今回の相続の前にも相続や遺贈によって財産を取得したことがあり、前回の相続の際にその人やその人の扶養義務者が既にこの控除を受けたことがある場合には、前回の相続における未成年者控除の控除不足額を限度とすることになっています。

4 障害者控除

（1） 概要

相続や遺贈によって財産を取得した心身に障害がある者について、満

85歳に達するまでの年数1年につき10万円（特別障害者：20万円）を控除するものです（法19の4）。

(2) 対象者

① 被相続人の民法第5編第2章《相続人》の規定による相続人であること。

注 相続の放棄があった場合には、その放棄がなかったものとした場合の相続人です。

② 居住無制限納税義務者及び特定納税義務者であること。

注 特定納税義務者は、相続開始の時において日本国内に住所を有する人に限られます。

③ 85歳未満であること。

④ 障害者に該当すること。

一般障害者

（例） 身体障害者手帳に障害の程度が3級から6級までであると記載がある者

特別障害者

（例） 身体障害者手帳に障害の程度が1級又は2級であると記載がある者

(3) 計算式

（85歳－相続開始時の年齢）×10万円（特別障害者 20万円）＝障害者控除額

【計算例】

> 相続開始時の年齢　20歳11か月である場合
> 相続開始時の年齢の１年未満を切り捨て　20歳11か月⇒20歳
> 一般障害者
> (85歳－20歳)×10万円＝650万円
> 特別障害者
> (85歳－20歳)×20万円＝1,300万円

(４)　障害者の相続税から控除しきれない場合

障害者控除額が、

障害者控除額＞その障害者の相続税額
＝（前記３（未成年者控除額）までを控除した後の税額）

であるため、その控除しきれない部分の金額は、その障害者の扶養義務者で、同じ被相続人に係る相続税額から控除できることとされています。

(５)　過去に障害者控除を受けている場合

障害者控除を受けることができる人が、今回の相続の前にも相続や遺贈によって財産を取得したことがあり、前回の相続の際にその人やその人の扶養義務者が既にこの控除を受けたことがある場合には、前回の相続における障害者控除の控除不足額を限度とすることになっています。

注　今回特別障害者で、前回一般障害者の場合（相通19の４－４）
{20万円×(85－Y)＋10万円×(Y－X)}－A
X：初めて障害者控除の規定の適用を受ける一般障害者の当該相続（「前の相続」といいます。）開始時の年齢
Y：前の相続に係る相続税額の計算上障害者控除の規定の適用を受けた者の今回の相続開始の年齢
A：前の相続に係る相続税額の計算上控除を受けた障害者控除額

5 相次相続控除

(1) 概要

相続人が相続や遺贈によって財産を取得した場合に、今回の相続（以下「第2次相続」といいます。）の開始前10年以内に被相続人が相続（以下「第1次相続」といいます。）によって財産を取得したことがある場合には、第2次相続の相続人の相続税額から次の(2)に掲げる計算式によって計算した金額を控除することになっています（法20、相通20—3）。

なお、相続の放棄をした人又は相続権を失った人については、たとえその人が遺贈によって財産を取得している場合でも相次相続控除を受けることはできません（相通20—1）。

(2) 計算式

$$A \times \frac{C}{B-A} \times \frac{D}{C} \times \frac{10-E}{10} = \text{各相続人の相次相続控除額}$$

A＝第2次相続の被相続人が第1次相続によって取得した財産（第1次相続に係る被相続人からの贈与により取得した財産で相続時精算課税の適用を受けるものを含みます。）につき課せられた相続税額（相続時精算課税の適用を受ける財産について課せられた税額（延滞税、利子税及び各種加算税額の税額を除きます。）を控除した金額をいいます。）

B＝第2次相続の被相続人が第1次相続によって取得した財産の（第1次相続に係る被相続人からの贈与により取得した財産で相続時精算課税の適用を受けるものを含みます。）価額（債務控除をした後の金額）

C＝第2次相続によって相続人及び受遺者の全員が取得した財産（第2次相続に係る被相続人からの贈与により取得した財産で相続時精算課税

の適用を受けるものを含みます。）の価額の合計額（債務控除をした後の金額）

D＝第２次相続によってその控除対象の相続人が取得した財産（第２次相続に係る被相続人からの贈与により取得した財産で相続時精算課税の適用を受けるものを含みます。）の価額（債務控除をした後の金額）

E＝第１次相続の時から第２次相続の時までの年数（その年数に１年未満の端数があるときは切り捨てます。）

注　1　$\frac{C}{B-A}$の割合が$\frac{100}{100}$を超えるときは$\frac{100}{100}$として計算します。
　　2　財産の価額とは債務控除後の金額をいいます（相通20―２）。

【計算例】

		（例1）	（例2）
第２次相続の被相続人が第１次相続によって取得した財産につき課せられた相続税額	A	100万円	200万円
第２次相続の被相続人が第１次相続によって取得した財産の価額	B	600万円	800万円
第２次相続によって相続人及び受遺者の全員が取得した財産の価額の合計額	C	400万円	1,200万円
第２次相続によってその控除対象の相続人が取得した財産の価額	D	200万円	300万円
第１次相続から第２次相続までの年数	E	５年	７年２か月

（例１）　$\text{A（100万円）}\times\frac{\text{C（400万円）}}{\text{B（600万円）}-\text{A（100万円）}}\times\frac{\text{D（200万円）}}{\text{C（400万円）}}$

$\times\frac{10-\text{E（5）}}{10}=\text{20万円}$

（例２）　$\text{A（200万円）}\times\frac{\text{C（1,200万円）}}{\text{B（800万円）}-\text{A（200万円）}}\times\frac{\text{D（300万円）}}{\text{C（1,200万円）}}$

$\times\frac{10-\text{E（7）}}{10}=\text{15万円}$

注　例2は、$\frac{C}{B-A}$の割合が$\frac{200}{100}$となり$\frac{100}{100}$を超えることになりますので$\frac{100}{100}$として計算します。また、7年2か月の端数2か月は切り捨てて、7年として計算します。したがって、相次相続控除額は、15万円となります。

6　在外財産に対する相続税額の控除

(1)　概要

相続や遺贈（相続開始年の被相続人からの暦年贈与に係る贈与を含みます。）又は相続時精算課税の適用を受ける贈与によって外国にある財産を取得した場合に、その財産に対して外国の法令によって、日本の相続税に当たる税金を課せられた場合には、その財産について、外国と日本とで二重課税となることを調整するため、外国で課せられた相続税額に当たる金額を相続税から差し引くことになっています（法20の2）。

(2)　外国税額控除額

控除額は、次のイとロのうちいずれか少ない方の金額です。

イ　外国の法令により課せられた税の邦貨換算税額

外国の法令により課せられた税×その納期限における邦貨換算率

注　在外財産に対する相続税額を控除するときの外国の法令によって課せられた相続税に当たる税額は、その地の法令により納付すべき日とされている日における対顧客直物電信売相場により邦貨に換算した金額によります。

ただし、送金が著しく遅延して行われる場合を除いて、国内から送金する日の対顧客直物電信売相場によることができます（相通20の2—1）。

ロ

$$\boxed{\text{相次相続控除後の税額}} \times \frac{\text{邦貨換算在外純財産の価額}}{\text{取得財産の価額}}$$

在外純財産の価額：在外財産の価額－その財産についての債務の金額

取得財産の価額：(取得財産の価額＋相続時精算課税適用財産の価額－債務及び葬式費用の金額）＋被相続人から相続開始の年に暦年贈与によって取得した財産の価額

7　相続時精算課税分の贈与税額控除

相続時精算課税の適用を受ける財産について課せられた贈与税があるときには、上記６までにおいて算出した相続税額（赤字の場合は零となります。）からその贈与税の額（外国税額控除（法21の８）前の税額で、延滞税、利子税、過少申告加算税、無申告加算税及び重加算税に相当する税額を除きます。）に相当する金額を控除します（法21の15③、21の16④）。

なお、上記により相続税額から控除する場合において、なお控除しきれない金額があるときは、その控除しきれない金額（外国税額控除（法21の８）の適用を受ける財産に係る贈与税について外国税額控除の適用を受けた場合にあっては、その金額から外国税額控除額を控除した残額）に相当する税額の還付を受けることができます（法33の２①）。

この税額の還付を受けるためには、相続税の申告書を提出しなければなりません（法27③）。

10 相続税の特例

〔ポイント〕

相続税に関する主な特例には次のものがあります。

1．小規模宅地等についての相続税の課税価格の計算の特例（措法69の４）

2．特定計画山林についての相続税の課税価格の計算の特例（措法69の５）

3．国等に対して相続財産を贈与した場合等の相続税の非課税等（措法70①）

4．相続財産に属する金銭を特定公益信託の信託財産とするために支出した場合の相続税の非課税（措法70③）

5．農地等についての相続税の納税猶予（措法70の６）

6．個人の事業用資産についての相続税の納税猶予及び免除（措法70の６の10）

7．非上場株式等についての相続税の納税猶予及び免除等（措法70の７の２）

8．非上場株式等についての相続税の納税猶予及び免除の特例（措法70の７の６）

9．山林についての相続税の納税猶予及び免除（措法70の６の６）

10．医療法人の持分についての相続税の納税猶予及び免除（措法70の７の12）

11．医療法人の持分についての相続税の税額控除（措法70の

7の13）

12．特定の美術品についての相続税の納税猶予及び免除（措法70の6の7）

1 小規模宅地等についての相続税の課税価格の計算の特例

（1） 概要

相続や遺贈により取得した財産のうちに、被相続人等の事業の用又は居住の用に供されていた宅地等がある場合には、遺産である宅地等のうち限度面積までの部分について相続税の課税価格の計算の特例を受けることができます（措法69の4）。

注　被相続人等とは、被相続人又は被相続人と生計を一にしていた被相続人の親族をいいます。

（2） 要件

① 相続開始の直前に、被相続人又はこの被相続人と生計を一にしていた被相続人の親族の事業の用又は居住の用に供されていた宅地等であること

② 次の建物又は構築物の敷地の用に供されていないこと

イ　温室その他の建物で、その敷地が耕作の用に供されるもの

ロ　暗きょその他の構築物で、その敷地が耕作の用又は耕作若しくは養畜のための採草若しくは家畜の放牧の用に供されるもの

③ 棚卸資産や準棚卸資産に該当しないこと

④ 特定事業用宅地等、特定居住用宅地等、特定同族会社事業用宅地等、貸付事業用宅地等に該当すること

イ　特定事業用宅地等（措法69の４③Ⅰ）

⑴　被相続人等の事業の用に供されていた宅地等であること

注　1　この事業には不動産貸付業、駐車場業、自転車駐車場業及び準事業は含まれません。
　　2　特定事業用宅地等の範囲から、相続開始前３年以内に事業の用に供された宅地等（当該宅地等の上で事業の用に供されている減価償却資産の価額が、当該宅地等の相続時の価額の15％以上である場合は除かれます。）が除外されます。

⑵　次のいずれかの者が相続により取得していること

a　親族が、申告期限までにこの宅地上で営まれていた被相続人の事業を引き継ぎ、申告期限まで引き続きこの宅地を保有し、この事業を営んでいること

b　被相続人の親族が、被相続人と生計を一にしていた者であって、申告期限まで引き続きこの宅地を保有し、申告期限まで引き続きこの宅地で自己の事業の用に供していること

⑶　⑵に該当する者が相続や遺贈により取得した持分の割合に応ずる部分のみが該当します。

ロ　特定居住用宅地等（措法69の４③Ⅱ）

⑴　被相続人等の居住の用に供されていた宅地等であること

（住居用が２か所以上ある場合）

a　被相続人の居住用宅地が複数ある場合（措令40の２⑥Ⅰ）

・被相続人の主たる居住用の一の宅地のみが該当します。

b　被相続人と生計を一にしていたその親族の居住用宅地が複数ある場合（措令40の２⑥Ⅱ）

・生計一親族の主たる居住用の一の宅地のみが該当します。

・判断は、生計一親族ごとで行います。

c　a＋bの場合（措令40の2⑥Ⅲ）

(a) 被相続人の主たる居住用宅地と生計一親族の主たる居住用宅地が同一の場合は、その居住用宅地が該当します。

(b) (a) 以外の場合は、被相続人の主たる居住用の一の宅地と生計一親族の主たる居住用の一の宅地が該当します。

（老人ホームに入居している場合）

介護保険法に規定する要介護認定又は要支援認定等を受けた被相続人が、特別養護老人ホームや有料老人ホーム等に入居あるいは入所していたため、相続開始の直前において被相続人の居住の用に供されていなかった場合でも、居住の用に供されなくなる直前にその被相続人の居住の用に供されていた宅地等を、相続開始の直前において被相続人の居住の用に供されていた宅地等としてこの特例の適用をすることができます。

(ロ) 配偶者が相続により取得している（保有継続、居住継続要件はありません。）か次のいずれかの者が相続により取得していること

a　相続開始直前にこの宅地等の上にある被相続人の居住の用に供されていた家屋に居住していた親族である場合

・相続開始時から申告期限まで引き続き宅地等を有していること（保有継続要件）

・この家屋に居住していること（居住継続要件）

b　国内にある親族又は親族の配偶者の所有する家屋に居住したことがない者である場合

・被相続人の居住の用に供されていた宅地等を取得した親族であること

・相続開始前３年以内に相続税法の施行地内にあるその者、その者の配偶者、その者の３親等内の親族又はその者と特別の関係がある一定の法人が所有する家屋に居住したことがない者であること

・相続開始時にその者が居住している家屋を相続開始前のいずれの時にも所有していたことがない者であること

・制限納税義務者である場合は日本国籍を有する者であること

・相続開始時から申告期限まで引き続き宅地等を有していること（保有継続要件）

・被相続人の配偶者がいないこと

・相続開始の直前において上記ａに規定する家屋に居住していた被相続人の相続人（民法第５編第２章の規定による相続人（相続の放棄があった場合には、その放棄がなかったものとした場合における相続人））がいないこと

ｃ　被相続人と生計を一にしていた親族である場合

・相続開始時から申告期限まで引き続きこの宅地等を有していること（保有継続要件）

・相続開始前から申告期限まで引き続きこの宅地等を自己の居住の用に供していること（居住継続要件）

(ハ)　(ロ)に該当する者が相続や遺贈により取得した持分の割合に応ずる部分のみが該当します。

ハ　特定同族会社事業用宅地等（措法69の４③Ⅲ）

(イ)　特定同族会社の事業の用に供されていた宅地等であること

注　この特定同族会社とは、相続開始直前に被相続人及び当

該被相続人の親族その他当該被相続人と一定の特別の関係がある者が有する株式の総数又は出資の総額が、当該株式又は出資に係る法人の発行済株式の総数又は出資の総額の十分の五を超える法人をいいます。
この事業には、不動産貸付業、駐車場業、自転車駐車場業及び準事業は含まれません。

(ロ) 申告期限において上記会社の役員である被相続人の親族が相続により取得したもので次の要件を満たすこと

a 相続開始時から申告期限まで引き続きこの宅地等を保有していること

b 申告期限まで引き続きこの法人の事業の用に供されている宅地等であること

(ハ) (ロ)に該当する者が相続や遺贈により取得した持分の割合に応ずる部分のみが該当します。

ニ 貸付事業用宅地等（措法69の4③Ⅳ）

(イ) 被相続人等の事業の用に供されていた宅地等であること
ただし、相続開始前3年以内に新たに貸付事業の用に供された宅地等は除かれます。

注 相続開始前3年以内に貸付けた宅地でも、相続開始の日まで3年を超えて事業的規模で貸付けを行っている場合は対象となります。

(ロ) 次に掲げる要件のいずれかを満たす被相続人の親族が相続により取得したものであること

a 被相続人の貸付事業を引き継いだ親族

・この事業の引き継ぎは申告期限までに行われること

・申告期限までこの宅地を保有していること

・申告期限まで貸付事業を継続していること

b　生前から自己の貸付事業としていた親族

・被相続人と生計を一にしていたこと

・申告期限までこの宅地を保有していること

・申告期限まで自己の貸付事業を継続していること

(ハ)　(ロ)に該当する者が相続や遺贈により取得した持分の割合に応ずる部分のみが該当します。

⑤　期限内分割が行われていること

イ　原則

相続税の申告期限までに、特例対象宅地等が分割されていなければこの特例は適用できません（措法69の４④）。

ロ　例外

(イ)　相続税の申告期限から３年以内に分割された場合には、この特例を受けることができます（措法69の４④）。

注　**申告時に「申告期限後３年以内の分割見込書」を添付する必要があります。**

(ロ)　相続税の申告期限後３年を経過する日までに分割することができないやむを得ない事情がある場合において、所定の手続により納税地の所轄税務署長の承認を受けたときは、特例対象宅地等の分割ができることとなった日の翌日から４か月以内に分割された場合にもこの特例を受けることができます（措法69の４④）。

⑥　選択特例対象宅地等であること

特例対象宅地等を取得した者が複数いる場合は、この特例を受けようとする特例対象宅地等の選択についてその全員が同意している

こと

（3） 限度面積

① 特定事業用宅地等又は特定同族会社事業用宅地等である選択特例対象宅地等（措法69の４②Ⅰ）

…………合計400㎡以下

② 特定居住用宅地等である選択特例対象宅地等(措法69の４②Ⅱ)

…………合計330㎡以下

③ 貸付事業用宅地等である選択特例対象宅地等

…………次の算式で求めた面積

$$A \times \frac{200}{400} + B \times \frac{200}{330} + C \leqq 200㎡$$

A：選択特例対象宅地等である特定事業用宅地等又は特定同族会社事業用宅地等の面積の合計

B：選択特例対象宅地等である特定居住用宅地等の面積の合計

C：選択特例対象宅地等である貸付事業用宅地等の面積の合計

（4） 減額割合

小規模宅地等	減額割合
特定事業用宅地等	80%
特定同族会社事業用宅地等	
特定居住用宅地等	
貸付事業用宅地等	50%

（5） 手続

相続税の申告書に、この特例を受ける旨その他所定の事項を記載し、遺産分割協議書の写しなど所定の書類を添付して提出することで適用が受けられます（措法69の4⑥）。

（6） 郵便局舎の敷地の用に供されていた土地等

郵政民営化法の相続税に係る課税の特例として、相続等により取得した財産のうちに、被相続人が、平成19年10月1日前から相続開始の直前まで引き続き有していた郵便局舎の敷地の用に供されていた宅地で、郵便局株式会社法第2条第2項に規定する郵便窓口業務の用に供する部分（400m^2までの部分に限られます。）については、80％の減額を受けることができます。

2 特定計画山林についての相続税の課税価格の計算の特例

相続や遺贈又は相続時精算課税の適用を受ける贈与（以下この特例において「贈与」といいます。）により取得した財産のうちに森林経営計画の定められた区域内に存する森林（立木又は林地をいいます。以下同じです。）がある場合には、その財産のうち一定の要件を満たす部分について相続税の課税価格の計算の特例が設けられています（措法69の5）。

（1） 相続税の課税価格に算入する価額

特定森林経営計画対象山林及び特定受贈森林経営計画対象山林である特定計画山林についてこの特例の適用を受けるもの（以下「選択特定計画山林」といいます。）の相続税の課税価格に算入すべき価額は、その選択特定計画山林の価額から5％を乗じて計算した金額を控除した金額となります（措法69の5①）。

注　特定森林経営計画対象山林である選択特定計画山林のうち相続や遺贈（包括遺贈及び被相続人から相続人に対する遺贈に限ります。）により取得した立木についての相続税の課税価格に算入すべき価額は、その相続の開始の時における時価の85％に当たる金額から５％を乗じて計算した金額を控除した金額となります（法26）。

（２）　特例の併用

この特例は、小規模宅地等についての相続税の課税価格の計算の特例の適用を受け、又は受けている場合には、原則適用できません（措法69の５④）。

ただし、小規模宅地等として選択された宅地等の面積が400m^2未満である場合は、一定の価額について適用を受けることができます（措法69の５⑤）。

3　国等に対して相続財産を贈与した場合等の相続税の非課税等

（１）　概要

相続や遺贈によって財産を取得した人が、その相続税の申告書の提出期限までに、その相続や遺贈によって取得した財産を、国、地方公共団体、又は公益社団法人若しくは公益財団法人その他の公益事業を行う法人（以下「特定の公益法人等」といいます。）又は認定特定非営利活動法人に対して贈与をした場合には、その贈与をした財産の価額は、その相続や遺贈についての相続税の課税価格の計算の基礎に算入されません。したがって、その贈与した財産には相続税がかからないことになっています（措法70①⑩）。

注　特定の公益法人に対する相続財産の贈与であっても、その法人を設立するための財産の提供については、この特例の適用はありません。

(2) 要件

(1) 贈与をしたことによって、その贈与者又はその親族その他これらの人と特別の関係にある人の相続税や贈与税の負担が不当に減少する結果となると認められないこと。

(2) その贈与を受けたものが特定の公益法人等又は認定特定非営利活動法人であるときには、その法人が、その贈与を受けてから2年を経過した日までに特定の公益法人等又は認定特定非営利活動法人に該当しないこととならないこと、又はその寄附を受けた財産をその日（2年を経過した日）において、なお公益を目的とする事業の用に供していること（措法70②⑩）。

(3) 特定の公益法人等とは次の法人です（措令40の3）。

① 独立行政法人

② 国立大学法人及び大学共同利用機関法人

③ 地方独立行政法人で地方独立行政法人法第21条第1号又は第3号から第5号までに掲げる一定の業務を主たる目的とするもの

④ 公立大学法人

⑤ 自動車安全運転センター、日本司法支援センター、日本私立学校振興・共済事業団及び日本赤十字社

⑥ 公益社団法人及び公益財団法人

⑦ 私立学校法第3条に規定する学校法人で学校の設置若しくは学校及び一定の専修学校の設置を主たる目的とするもの又は私立学校法第64条第4項の規定により設立された法人で専修学校の設置を主たる目的とするもの

⑧　社会福祉法人

⑨　更生保護法人

（3）　手続

この特例の適用を受けるためには、相続税の申告書に、その適用を受ける旨を記載し、かつ、その適用を受ける贈与財産の明細書その他所定の書類を添付しなければなりません。この場合の所定の書類とは、

イ　国若しくは地方公共団体又は特定の公益法人等がその贈与を受けた旨、その贈与を受けた年月日及び財産の明細、その法人の贈与を受けた財産の使用目的を記載した書類

並びに

ロ　その法人が上記の③及び⑥・⑦までの法人である場合には、その特定の公益法人等に該当するものであることについて所轄主務官庁等の証明した書類

をいいます（措法70⑤、措規23の３②）。

4　特定公益信託に支出した場合の相続税の非課税

相続や遺贈によって財産を取得した人が、その取得した財産に属する金銭を、相続税の申告書の提出期限までに、特定公益信託のうち、その目的が教育又は科学の振興、文化の向上、社会福祉への貢献その他公益の増進に著しく寄与するもので特定のものの信託財産とするために支出した場合には、その支出により支出をした者又はその親族その他特別の関係がある人の相続税又は贈与税の負担が不当に減少する結果となると認められる場合を除き、その支出をした金銭の額は、相続税の課税価格

の計算の基礎に算入されません（措法70③）。

5　農地等についての相続税の納税猶予及び免除等

（1）概要

農業を営んでいた被相続人から相続人が農地等を相続して農業を営む場合には、その取得した農地等の価額のうち農業投資価格による価額を超える部分に対応する相続税額は、その相続人が農業を継続する限り納税が猶予（この猶予された相続税額を「納税猶予税額」といいます。）され、その納税猶予税額は、その相続人が死亡した場合、その相続人がこの特例の適用を受けた農地等の全部を農業後継者に生前一括贈与した場合に、免除されます（措法70の6①⑤㊴）。

なお、免除されるまでに、この納税猶予の特例を受けた農地等について農業経営の廃止、譲渡・転用等の一定の事由が生じた場合には、その納税猶予税額の全部又は一部の猶予が打ち切られ、その税額と利子税を納付しなければならなくなります。

（2）要件

イ　被相続人

被相続人は、次のいずれかに該当する人に限られます（措令40の7①）。

⑴　死亡の日まで農業を営んでいた人（農業委員会の証明が必要です。）

⑵　農地等の生前一括贈与をした人（死亡の時まで受贈者が贈与税の納税猶予又は納期限の延長の特例を受けていた場合に限られます。）

ロ　農業相続人

農業相続人とは、被相続人の相続人で、次のいずれかに該当する人に限られます（農業委員会の証明が必要です。）（措令40の７②）。

(イ)　相続税の申告期限までに農業経営を開始し、その後も引き続き農業経営を行うと認められる人

(ロ)　農地等の生前一括贈与の特例の適用を受けた受贈者で、独立行政法人農業者年金基金法の規定に基づく特例付加年金（経営移譲年金を含みます。）の支給を受けるため、その推定相続人の１人に対し農地等について使用貸借による権利を設定し、贈与者の死亡の日まで引き続きその特例の適用を受けていた人については、相続後も、引き続きその推定相続人にその農地等を使用させ、その農業に従事すると認められる人

ハ　特例の対象となる農地等

この特例の対象となる農地等は、次の(イ)から(ハ)までに掲げるもので、相続税の期限内申告書にこの特例の適用を受ける旨を記載したものに限られます。

(イ)　被相続人が農業の用に供していた農地等で、申告期限までに分割されているもの（措法70の６①④）

(ロ)　被相続人から生前一括贈与により取得した農地等で、被相続人の死亡の時まで贈与税の納税猶予又は納期限の延長の特例を受けていたもの（措法70の６①）

(ハ)　相続や遺贈により財産を取得した人が相続開始の年に被相続人から生前一括贈与を受けた農地等（措令40の７④）

農地等についての相続税の納税猶予、贈与税の納税猶予の特例の適用が受けられる農地等とは、農業の用に供している農地（特定市

街化区域農地等に該当するもの、利用意向調査に係る一定のものは除かれます。)、採草放牧地(特定市街化区域内農地等に該当するものは除かれます。)、準農地をいいます。

なお、各用語の意義は次のとおりです。

1　農地(措法70の4②Ⅰ)

農地法第2条第1項に規定する農地(同法第43条第1項の規定により農作物の栽培を耕作に該当するものとみなして適用する同法第2条第1項に規定する農地並びにこれらの農地の上に存する地上権、永小作権、使用貸借による権利及び賃借権を含みます。)をいいます。

2　採草放牧地(措法70の4②Ⅱ)

農地法第2条第1項に規定する採草放牧地(当該採草放牧地の上に存する地上権、永小作権、使用貸借による権利及び賃借権を含みます。)をいいます。

3　特定市街化区域農地等(措法70の4②Ⅲ)

都市計画法第7条第1項に規定する市街化区域内に所在する農地又は採草放牧地で、平成3年1月1日において次に掲げる区域内に所在するもの(都市営農農地等を除きます。)をいいます。

イ　都の区域(特別区の存する区域に限ります。)

ロ　首都圏整備法第2条第1項に規定する首都圏、近畿圏整備法第2条第1項に規定する近畿圏又は中部圏開発整備法第2条第1項に規定する中部圏内にある地方自治法第252条の19第1項の市の区域

ハ　ロに規定する市以外の市でその区域の全部又は一部が首都圏整備法第2条第3項に規定する既成市街地若しくは同条第四項に規定する近郊整備地帯、近畿圏整備法第2条第3項に規定す

る既成都市区域若しくは同条第４項に規定する近郊整備区域又は中部圏開発整備法第２条第３項に規定する都市整備区域内にあるものの区域

4　都市営農農地等（措法70の４②Ⅳ）

次に掲げる農地又は採草放牧地で平成３年１月１日において前号イからハまでに掲げる区域内に所在するものをいいます。

イ　都市計画法第８条第１項第14号に掲げる生産緑地地区内にある農地又は採草放牧地（生産緑地法第10条（同法第10条の５の規定により読み替えて適用する場合を含みます。）又は第15条第１項の規定による買取りの申出がされたもの並びに同法第10条第１項に規定する申出基準日までに同法第10条の２第１項の特定生産緑地（イにおいて「特定生産緑地」といいます。）の指定をされなかったもの、同法第10条の３第２項に規定する指定期限日までに特定生産緑地の指定の期限の延長がされなかったもの及び同法第10条の６第１項の規定による指定の解除がされたものは除かれます。）

ロ　都市計画法第８条第１項第１号に掲げる田園居住地域（第５項第２号において「田園居住地域」といいます。）内にある農地（イに掲げる農地は除かれます。）

5　準農地（措法70の４①、措令40の６④）

農地及び採草放牧地とともに農業振興地域の整備に関する法律第８条第２項第１号に規定する農用地区域として定められている区域内にある土地で、農地法第２条第１項に規定する農地及び採草放牧地以外の土地で農業振興地域の整備に関する法律第８条第１項に規定する農業振興地域整備計画において同条第２項第１号に規定する農業上の用途区分が当該農地又は採草放牧地とされているものであって、開発して当該農地又は採草放牧地として農業の用に供することが適当であるものとして財務省令で定めるところにより市町村長が証明したもの。

ニ　手続

この特例の適用を受けようとする場合には、相続税の申告書にこの特例の適用を受ける旨を記載し必要な書類（措規23の８③）を添付して、その申告書を期限内に提出するとともに納税猶予税額及び利子税の額に見合う担保を提供する必要があります（措法70の６①）。

(3) 納税猶予税額及び納付税額

イ　納税猶予の対象となる相続税額

(イ) 通常の相続税の総額

各人の取得したすべての財産を通常の評価額によって計算し、それを基として相続税の総額を計算します（以下これにより計算した相続税の総額を「通常の相続税の総額」といいます。）。

(ロ) 農業投資価格を用いた相続税の総額

農業相続人の課税価格の計算に当たっては、特例農地等の価額は、農業投資価格により計算します（以下これにより計算した課税価格を「特例課税価格」といいます。）。この農業相続人の特例課税価格と農業相続人以外の人の課税価格の合計額（以下「特例課税価格の合計額」といいます。）を基として相続税の総額（以下「特例相続税の総額」といいます。）を計算します。

(ハ) 納税猶予税額

通常の相続税の総額（イ）	－	特例相続税の総額（ロ）

ロ　農業相続人の納付税額

(イ)　算出相続税額

農業相続人の算出相続税額は、次のａの金額とｂの金額との合計額となります。

ａ　特例課税価格により計算した算出相続税額

$$特例相続税の総額 \times \frac{農業相続人の特例課税価格}{特例課税価格の合計額}$$

ｂ　その農業相続人の納税猶予税額

(ロ)　納付する相続税額

農業相続人の申告期限までに納付する相続税額は、特例課税価格により計算した算出相続税額(イ)を基として、それぞれ相続税額の２割加算や未成年者控除､配偶者の税額軽減などを適用して計算します。

この場合、控除額の方が大きいときは、申告期限までに納付する相続税額はゼロとなり、その控除不足額は、納税猶予税額から控除することになります。

ハ　農業相続人以外の相続人の納付税額

(イ)　算出相続税額

農業相続人以外の人の算出相続税額は、次の算式によって計算します。

$$特例相続税の総額 \times \frac{各人の課税価格}{特例課税価格の合計額}$$

(ロ)　納付する相続税額

各人の実際に納付する相続税額は、(イ)の算出相続税額を基として、それぞれ相続税額の２割加算や未成年者控除、配偶者の税額軽減などの税額控除をして計算します。

この場合、配偶者の税額軽減額の計算をするときの相続税の総額及び課税価格の合計額は、特例相続税の総額及び特例課税価格の合計額をそれぞれ用います。

(4) 納税猶予期間中の手続

納税猶予の適用を受けている農業相続人は、届出書等を納税猶予期限が確定するまでの間、相続税の申告期限から3年目ごとに提出しなければなりません。この届出書等の提出がないと納税猶予の適用が打ち切られ、納税が猶予されていた相続税額と利子税を納付しなければなりません（措法70の6㉜㉟）。

(5) 納税猶予税額を納付しなければならない場合

納税猶予を受けている相続税額は、次に掲げる場合に該当することとなったときは、その相続税額の全部又は一部を納付しなければなりません（措法70の6①⑦⑧㉟㊱）。

納付する相続税額については、相続税の申告期限の翌日から納期限までの期間の月数に応じ、利子税がかかります（措法70の6㊵）。

イ 全額納付を要する場合

次に掲げる場合のいずれかに該当することとなったときは、納税猶予を受けている相続税額の全額及び利子税を納付しなければなりません。

(イ) 特例農地等について、譲渡等があった場合（収用等による譲渡の場合を除きます。）で、その面積（その譲渡等が2回以上ある場合には、その合計面積）が、特例農地等の面積の20％を超えるとき

(ロ) 特例農地等による農業の経営を廃止した場合

(ハ) 継続届出書の提出がなかった場合

ロ　一部納付を要する場合

次に掲げる場合のいずれかに該当することとなったときは、納税猶予を受けている相続税額のうち、その該当することとなった特例農地等の価額に対応する税額及び利子税を納付しなければなりません。

(イ) 特例農地等について、収用交換等による譲渡があった場合

注　**特例農地等を収用交換等により譲渡した場合、利子税の額が２分の１に軽減されます（措法70の８、措規23の13）。**

(ロ) 特例農地等について、20％以下の面積の譲渡等があった場合（(イ)の場合を除きます。）

(ハ) 次のＡ又はＢに掲げる事実（「買取りの申出等」といいます。）に該当することとなった場合

Ａ　特例農地等のうちの都市営農農地等について、生産緑地法第10条又は第15条第１項の規定による買取りの申出があった場合

Ｂ　都市計画法の規定に基づく都市計画の決定又は変更若しくは生産緑地地区に係る都市計画の失効により納税猶予の適用を受けた農地又は採草放牧地が特定市街化区域農地等に該当することとなった場合

(ニ) 特例農地等のうち採草放牧地や準農地の一部を残す、生前一括贈与があった場合（この場合には、贈与されなかった採草放牧地等の価額に対応する部分）

注　**上記の場合には、生前一括贈与をされた特例農地等の価額に対応する相続税は、免除されます（措法70の６①㊴Ⅱ、Ⅲ）。**

(ホ) 申告期限後10年を経過する日までに、農業の用に供されていない準農地がある場合

(6) 特例農地等の買換え等による納税猶予の継続適用

上記(5)のとおり、農業相続人が特例農地等を譲渡（収用、交換、換地処分等を含みます。）した場合や特例農地等について買取りの申出等があった場合には、納税猶予の適用を受けていた相続税額の全部又は一部を納付しなければなりませんが、次の場合、一定の要件の下に税務署長の承認を受けたときは、その譲渡又は買取りの申出等はなかったものとみなされます（措法70の6⑲㉑）。

イ　特例農地等を譲渡し、代替農地等を取得する場合

ロ　買取りの申出等に係る特例農地等を譲渡し、代替農地等を取得する場合

ハ　特定市街化区域農地等に係る農地又は採草放牧地が都市営農農地等に該当する場合

(7) 特例農地等の借換による納税猶予の継続適用

上記(6)のとおり、農業相続人が特例農地等を他に貸し付けた場合には、納税猶予の適用を受けている相続税額の全部又は一部を納付しなければなりませんが、農地又は採草放牧地（以下「特例適用農地等」といいます。）を一定の要件の下に使用貸借権又は賃借権（以下「賃借権等」といいます。）の設定に基づき貸し付けた場合には、当該賃借権等の設定はなかったものとみなされます（措法70の6⑩）。

(8) 一時的道路用地等の用に供した場合の納税猶予の継続適用

農業相続人が、特例農地等（(7)の貸付特例適用農地等を除きます。）の全部又は一部を一時的道路用地等（道路法による道路に関する事業、河川法が適用される河川に関する事業、鉄道事業法による鉄道事業者がその鉄道事業で一般の需

要に応ずるものの用に供する施設に関する事業その他これらの事業に準ずる事業として当該事業に係る主務大臣が認定したもののために一時的に使用する道路、水路、鉄道その他の施設の用地で代替性のないものとして主務大臣が認定したものをいいます。）の用に供するため地上権、賃借権及び使用貸借による権利（以下「地上権等」といいます。）の設定に基づき貸付けを行った場合において、当該貸付けに係る期限（以下「貸付期限」といいます。）が到来したのち遅滞なく当該一時的道路用地等の用に供していた特例農地等を当該農業相続人の農業の用に供する見込みであることにつき、納税地を所轄する税務署長の承認を受けたときは、その承認に係る地上権等の設定はなかったものとされます（措法70の6㉒）。

また、特例農地等の全部についてこの承認に係る地上権等の設定があった場合であっても、農業経営の廃止に該当しないこととされます。

6 個人の事業用資産についての相続税の納税猶予及び免除

(1) 概要

特例事業相続人等が、平成31年1月1日から令和10年12月31日までの間に、相続等により特定事業用資産を取得し、事業を継続していく場合には、担保の提供を条件に、その特例事業相続人等が納付すべき相続税額のうち、相続等により取得した特定事業用資産の課税価格に相当する相続税の納税が猶予されます（措法70の6の10）。

(2) 特例事業相続人等

主な要件は次のとおりです。

イ　承継計画に記載された後継者であって、中小企業における経営の承継の円滑化に関する法律の規定による認定を受けた者

ロ　相続の開始の直前において特定事業用資産に係る事業に従事していた者

ハ　所得税法第229条の開業届出書を提出していること

ニ　所得税法第143条の承認を受けていること

ホ　特定事業用資産に係る事業が、資産保有型事業、資産運用型事業、性風俗関連特殊営業に該当しないこと

(3)　特定事業用資産

被相続人の事業（不動産貸付事業等を除きます。）の用に供されていた土地（面積400㎡までの部分に限られます。）、建物（床面積800㎡までの部分に限られます。）及び建物以外の減価償却資産（固定資産税又は営業用として自動車税若しくは軽自動車税の課税対象となっているものその他これらに準ずるものに限られます。）で青色申告書に添付される貸借対照表に計上されているものをいいます。

(4)　承継計画

認定経営革新等支援機関の指導及び助言を受けて作成された特定事業用資産の承継前後の経営見通し等が記載された計画であって、平成31年4月1日から令和8年3月31日までの間に都道府県に提出されたものをいいます。

(5)　猶予税額の免除

イ　全額免除

次の場合には、猶予税額の全額が免除されます。

(イ)　認定相続人が、その死亡の時まで、特定事業用資産を保有し、事業を継続した場合

(ロ)　認定相続人が一定の身体障害等に該当した場合

(ハ)　認定相続人について破産手続開始の決定があった場合

(ニ) 相続税の申告期限から５年経過後に、次の後継者へ特定事業用資産を贈与し、その後継者がその特定事業用資産について贈与税の納税猶予制度（後述）の適用を受ける場合

ロ 一部免除

次の場合には、非上場株式等についての相続税の納税猶予制度の特例に準じて、猶予税額の一部が免除されます。

(イ) 同族関係者以外の者へ特定事業用資産を一括して譲渡する場合

(ロ) 民事再生計画の認可決定等があった場合

(ハ) 経営環境の変化を示す一定の要件を満たす場合において、特定事業用資産の一括譲渡又は特定事業用資産に係る事業の廃止をするとき

（６） 猶予税額の納付

イ 認定相続人が、特定事業用資産に係る事業を廃止した場合等には、猶予税額の全額を納付しなければなりません。

ロ 認定相続人が、特定事業用資産の譲渡等をした場合には、その譲渡等をした部分に対応する猶予税額を納付しなければなりません。

（７） 利子税の納付

上記(6)により、猶予税額の全部又は一部を納付する場合には、その納付税額について相続税の法定申告期限からの利子税（年3.6%）（利子税の特例（貸出約定平均利率の年平均が0.6%の場合）を適用した場合には、年0.7%）を併せて納付しなければなりません。

（８） その他

イ 被相続人は相続開始前において、認定相続人は相続開始後において、それぞれ青色申告の承認を受けていなければなりません。

ロ 相続税の申告期限から３年毎に継続届出書を税務署長に提出しな

ければなりません。

ハ　この納税猶予の適用を受ける場合には、特定事業用宅地等について小規模宅地等についての相続税の課税価格の計算の特例の適用を受けることができません。

7　非上場株式等についての相続税の納税猶予及び免除等

(1)　概要

被相続人から相続又は遺贈により認定継続会社の非上場株式等の取得をした経営承継相続人等が、相続税の申告書の提出により納付すべき相続税の額のうち、特例非上場株式等に係る納税猶予分の相続税額に相当する相続税については、相続税の申告書の提出期限までに納税猶予分の相続税額に相当する担保を提供した場合に限り、経営承継相続人の死亡の日まで、その納税が猶予される制度です（措法70の７の２①）。

(2)　主な要件

イ　認定継続会社の要件（措法70の７の２②Ⅰ）

・経済産業大臣認定を受けていること

・上場会社に当たらないこと

・風俗営業会社に該当しないこと

・資産保有型会社、資産運用型会社に該当しないこと

・総収入金額が零でないこと

・従業員が原則１人以上（一定の場合５人以上）であること

ロ　経営承継相続人（後継者）の要件（措法70の７の２②Ⅲ）

・会社の代表者であること（開始直前に会社役員であること）

・後継者及び後継者と同族関係等のある者で総議決権数の50％超の議決権数を保有し、かつ、これらの者の中で最も多くの議決権数を保有することとなること

・当該認定承継会社の株式等について、措置法70の７の５第１項、70の７の６第１項、70の７の８第１項の適用を受けていないこと

ハ　被相続人の要件（措法70の７の２①、措令40の８の２①）

・被相続人及び被相続人と同族関係等のある者で総議決権数の50％超の議決権数を保有し、かつ、後継者を除いたこれらの者の中で最も多くの議決権数を保有していたこと

ニ　分割の要件

申告期限までに特例の対象とする非上場株式等の遺産分割を了していること（措法70の７の２⑦）

ホ　現物出資財産の限度割合の要件

相続開始前３年以内に経営承継相続人等の同族関係者からの現物出資又は贈与により取得した資産の合計額の総資産に占める割合が70％以上である会社に係る株式等については、この特例の対象になりません（措法70の７の２㉔）

（３）　特例の対象となる株式数

特例の対象となる非上場株式等の数は次のとおりです（措令40の８の２④）。

相続における株式数を

A：後継者（相続人等）が相続等により取得した非上場株式の数

B：相続開始直前の発行済株式等の総数

C：後継者(相続人等)が相続開始前から有していた非上場株式等の数

とした場合

● $A \geqq B \times \frac{2}{3} - C$ の場合

特例対象 株式の限度数	＝	$B \times \frac{2}{3} - C$

● $A < B \times \frac{2}{3} - C$ の場合

特例対象 株式の限度数	＝	後継者が相続等により取得した株式数

(4) 手続

イ　申告の際の手続

この特例の適用を受けるためには、相続税の申告書を申告期限内にこの特例を受ける旨を記載した申告書とともに、この特例を受けようとする非上場株式等の明細書や納税猶予分の相続税額の計算に関する明細等を記載した書類を添付して提出しなければなりません（措法70の７の２⑨）。

また、納税が猶予される相続税額及び利子税の額に見合う担保を提供する必要があります。

ロ　申告後の手続

申告期限後の５年間は、毎年「継続届出書」を提出しなければなりません。また、この５年経過した後も３年毎に「継続届出書」を所轄税務署へ提出する必要があります（措法70の７の２⑩）。

注　経済産業大臣の認定を受けた会社は、申告期限後５年間は毎年、年次報告書を経済産業大臣へ提出する必要があります。

(5) 納税猶予税額の計算

手順１

通常の遺産額に基づいて後継者の相続税額を求めます。

手順２

後継者取得した相続財産が特例の適用を受ける非上場株式等のみであるとして計算した後継者の相続税額を求めます。

手順３

後継者取得した相続財産が特例の適用を受ける非上場株式等の20％のみであるとして計算した後継者の相続税額を求めます。

手順４

手順２の相続税額－手順３の相続税額＝納税が猶予される相続税額

注　特例非上場株式等の価額の計算上、外国会社、医療法人に係る部分を除外あるいは控除して計算しなければならない場合があります。

（６）猶予されている相続税を納める必要がある場合

この場合の主な事由は次のとおりです。

イ　申告期限後５年間（措法70の７の２③）

・後継者が会社の代表者でなくなった場合

・従業員数確認期間において８割の雇用が維持できなくなった場合

・特例を受けた株式の譲渡・贈与をした場合

・会社が資産保有型会社・資産運用型会社に該当した場合

・総収入金額が零となった場合

ロ　申告期限後５年経過後（措法70の７の２⑤）

・特例を受けた株式の譲渡・贈与をした場合

・会社が資産保有型会社・資産運用型会社に該当した場合

（７）納税猶予税額の免除

次の場合に、猶予中の相続税額に相当する金額が免除されます。

①　経営承継相続人等が死亡した場合（措法70の７の２⑯Ⅰ）

② 経営承継期間（申告から５年間）の翌日以後に非上場株式等についての贈与税の納税猶予の規定を適用して贈与した場合（措法70の７の２⑯Ⅱ）

③ 認定承継会社について破産手続開始の決定、特別清算開始の命令など法的な手続が行われることとなったとき（措法70の７の２⑰）

（８） 非上場株式等の贈与者が死亡した場合の相続税の課税の特例

非上場株式等についての贈与税の納税猶予制度の適用を受けている場合は、この制度に係る贈与者が死亡した際の相続税については、この制度適用者である経営承継受贈者がこの贈与者から相続（経営承継受贈者が贈与者の相続人以外の者である場合には、遺贈）によりこの贈与税の納税猶予を受けている特例受贈非上場株式等を取得したものとみなして相続税を計算することとなっています。この場合において、その死亡による相続又は遺贈に係る相続税の課税価格の計算の基礎に算入すべきこの特例受贈非上場株式等の価額については、贈与の時における価額を基礎として計算します（措法70の７の３）。

（９） 非上場株式等の贈与者が死亡した場合の相続税の納税猶予

上記で説明した規定により相続等により取得したものとみなされる特例受贈非上場株式等についても、相続税の納税猶予を受けることができます。

この規定の適用を受けようとする相続人等（経営相続承継受贈者）が、相続税の申告書にこの規定の適用を受けようとする旨の記載をして所定の書類を添付した場合には、相続の開始の時における特例受贈非上場株式等に係る認定相続承継会社の発行済株式又は出資の総数又は総額の３

分の２に達するまでの部分（「対象相続非上場株式等」）に係る納税猶予分の相続税額に相当する相続税については、申告期限までにこの納税猶予分の相続税額に相当する担保を提供した場合に限り、経営相続承継受贈者の死亡の日まで、その納税が猶予されます（措法70の７の４）。

8　非上場株式等についての相続税の納税猶予及び免除の特例

本件特例による主な要件緩和は次のとおりです（措法70の７の６）。

・相続又は遺贈により取得した特例認定承継会社の全株式が特例の対象となり猶予割合は100％となります。

・特例経営承継相続人について最大３人まで特例の対象となります。

・承継後５年間平均80％の雇用要件を満たせない場合、認定経営革新等支援機関の意見を付した理由書を都道府県に提出することによって納税猶予の期限が確定しません。

・特例認定承継会社の事業の継続が困難な一定の事由が生じた場合において、特例経営承継期間経過後に、特例対象非上場株式等の譲渡等をしたとき、特例認定承継会社が合併により消滅したとき、特例認定承継会社が株式移転若しくは株式交換により株式交換完全子会社等となったとき又は特例認定承継会社が解散をしたときには、一定の納税猶予税額が免除されます。

本件特例の対象となる非上場株式等の相続及び遺贈による取得は、平成30年１月１日から令和９年12月31日までの間の最初の本件特例の適用に係る相続及び遺贈による取得及び当該取得の日から特例経営承継期間の末日までの間に、相続税の申告書の提出期限が到来する相続又は遺贈による取得に限られます。

9 山林についての相続税の納税猶予及び免除等

(1) 概要

林業経営相続人が、相続又は遺贈により、特定森林経営計画（市町村長等の認定・農林水産大臣の確認を受けた「森林経営計画」をいいます。）が定められている区域内に存する山林（立木及び林地）について特定森林経営計画に従って施業を行ってきた被相続人からその山林を一括して取得した場合において、その林業経営相続人が特定森林経営計画に基づいて引き続き施業を継続していくときは、その林業経営相続人が納付すべき相続税額のうち、特例山林に係る課税価格の80％に対応する相続税額については、その林業経営相続人の死亡の日までその納税を猶予する制度です（措法70の６の６①）。

なお、特定計画山林についての相続税の課税価格の計算の特例（措法69の５）とは重複して適用することはできません（措法70の６の６⑦）。

(2) 納税猶予額

林業経営相続人以外の相続人の取得財産は不変とした上で、林業経営相続人が、通常の課税価格による特例山林のみを相続したものとして計算した場合の当該林業経営相続人の相続税額と、課税価格を20％に減額した特例山林のみを相続するものとして計算した場合の当該林業経営相続人の相続税額の差額が、当該林業経営相続人の猶予税額となります（措法70の６の６②五）。

(3) 猶予税額の免除

その林業経営相続人が特例山林を死亡の時まで所有し、かつ、引き続き特定森林経営計画に従って施業をし続けた場合は、猶予税額が免除されます（措法70の６の６①）。

10　医療法人の持分についての相続税の納税猶予及び免除

(1)　概要

個人（以下「相続人」といいます。）が持分の定めのある医療法人の持分を相続又は遺贈により取得した場合において、その医療法人が相続税の申告期限において認定医療法人であるときは、担保の提供を条件に、当該相続人が納付すべき相続税額のうち、当該認定医療法人の持分に係る課税価格に対応する相続税額については、認定移行計画に記載された移行期限までその納税が猶予され、移行期間内に当該相続人が持分の全てを放棄した場合には、猶予税額が免除されます（措法70の７の12）。

注　認定医療法人とは、良質な医療を提供する体制の確立を図るための医療法等の一部を改正する法律に規定される移行計画について、認定制度の施行の日（平成26年10月１日）から令和８年12月31日までの間に厚生労働大臣の認定を受けた医療法人をいいます。

(2)　税額の計算

①　通常の相続税額の計算を行い、認定医療法人の持分を取得した相続人の相続税額を算出します。

②　持分を取得した相続人以外の者の取得財産は不変とした上で、当該相続人が認定医療法人の持分のみを相続したものとして相続税額の計算を行い、当該相続人の相続税額を算出し、その金額を猶予税額とします。

③　上記①の相続税額から上記②の猶予税額を控除した金額が認定医

療法人の持分を取得した相続人の納付税額となります。

(3) 猶予税額の納付

移行期間内に持分の定めのない医療法人に移行しなかった場合又は認定の取消し、持分の払戻し等の事由が生じた場合には、猶予税額を納付しなければなりません。

また、基金拠出型医療法人に移行した場合には、持分のうち基金として拠出した部分に対応する猶予税額についても同様です。

(4) 利子税の納付

上記(3)により猶予税額の全部又は一部を納付する場合には、相続税の申告期限からの期間に係る利子税を併せて納付しなければなりません。

11 医療法人の持分についての相続税の税額控除

個人（相続人等）が経過措置医療法人の持分を有していた他の個人（被相続人）から相続又は遺贈により経過措置医療法人の持分を取得した場合において、この経過措置医療法人が相続開始の時において認定医療法人であり、かつ、持分を取得した相続人等が相続の開始から相続税の申告期限までの間に持分の全部又は一部を放棄した場合には、放棄相当相続税額を控除した残額が納付すべき相続税額となります（措法70の7の13）。

12 特定の美術品についての相続税の納税猶予及び免除

(1) 概要

寄託先美術館と特定美術品の寄託契約を締結して、認定保存活用計画に基づきその特定美術品をその寄託先美術館に寄託した場合に、その特定美術品を相続又は遺贈により取得した寄託相続人がその寄託契約に基づき寄託を継続したときは、担保の提供を条件に、その寄託相続人が納付すべき相続税額のうち、その特定美術品に係る課税価格の80％に対応する相続税の納税が猶予されます（措法70の６の７）。

（２） 猶予税額の計算

寄託相続人以外の者の取得財産は不変として、寄託相続人が、特定美術品のみを相続したものとして計算した場合のその寄託相続人の相続税額と、課税価格を20％に減額したその特定美術品のみを相続するものとして計算した場合のその寄託相続人の相続税額との差額が、その寄託相続人の猶予税額となります。

（３） 猶予税額の免除

寄託相続人が死亡した場合、猶予税額が免除されます。また、寄託先美術館に対するその特定美術品の贈与又は自然災害によるその特定美術品の滅失があった場合にも、猶予税額が免除されます。

注　文化財保護法及び地方教育行政の組織及び運営に関する法律の施行の日以後に相続又は遺贈により取得する相続税について適用されます。

11 相続税の申告と納税

〔ポイント〕

1．遺産の総額が遺産に係る基礎控除額を超え、配偶者の税額軽減等の適用がないものとして相続税額の計算を行った場合に納める税額が算出される場合は、相続税の申告をする必要があります。

2．相続税の申告書は、相続の開始があったことを知った日の翌日から10か月以内に提出する必要があります。

3．相続税の申告書は、被相続人の死亡の時における被相続人の住所地を所轄する税務署へ提出します。

4．相続税は、申告書の提出期限までに納付する必要があります。

5．相続税は、一定の要件の下に年賦延納又は物納をすることができます。

6．相続時精算課税適用者は、相続時精算課税に係る贈与税を相続税額から控除してもなお控除しきれない金額について還付を受けるため相続税の申告をすることができます。

1 申告書の提出

(1) 申告書の提出と申告書の提出期限

イ　一般の場合

遺産の総額（相続税の課税価格の合計額）が遺産に係る基礎控除額（49頁参照）を超える場合において、配偶者の税額軽減等の規定の適用がないものとして相続税額の計算を行った場合に納める税額が算出される人は、相続税の申告をしなければなりません（法27①）。

この相続税の申告書を提出しなければならない人は、その相続の開始があったことを知った日の翌日から10か月以内に、納税地の所轄税務署長に相続税の申告書を提出しなければなりません（法27①）。

注　「相続の開始があったことを知った日」とは、自己のために相続の開始があったことを知った日をいいますが、次に掲げる人についての「相続の開始があったことを知った日」とは、次に掲げる日をいうものとして取り扱われます（相通27－4）。

⑴　民法第30条《失そうの宣言》及び第31条《失そうの宣告の効果》の規定により失そうの宣告を受け死亡したものとみなされた者の相続人又は受遺者については、これらの者がその失そうの宣告のあったことを知った日

⑵　相続開始後においてその相続に係る相続人となるべき者について民法第30条の規定による失そうの宣告があり、その死亡したものとみなされた日がその相続開始前であることにより相続人となった者については、その者がその失そうの宣告のあったことを知った日

⑶　民法第32条第1項《失そう宣告の取消》第1項の規定による失そう宣告の取消しがあったことにより相続開始後において相続人となった者については、その者がその失そうの宣告の取消しのあったことを知った日

⑷　民法第787条《認知の訴》の規定による認知に関する裁判又は同法第894条《廃除の取消》第2項の規定による相続人の廃除の取消しに関する裁判の確定により相続開始後において相続人となった者については、その者がその裁判の確定を知った日

(5) 民法第892条《推定相続人の廃除》又は第893条《遺言による推定相続人の廃除》の規定による相続人の廃除に関する裁判の確定により相続開始後において相続人となった者については、その者がその裁判の確定を知った日

(6) 民法第886条《胎児の相続能力》の規定により相続について既に生まれたものとみなされる胎児については、法定代理人がその胎児が生まれたことを知った日

(7) 相続開始の事実を知ることのできる弁識能力のない幼児等については、法定代理人がその相続の開始のあったことを知った日（相続開始の時に法定代理人がいないときは、後見人が選任された日）

(8) 遺贈（被相続人からの相続人に対する遺贈を除きます。次の(9)において同じ。）によって財産を取得した者については、自己のためにその遺贈のあったことを知った日

(9) 停止条件付の遺贈によって財産を取得した者については、その条件が成就した日

なお、同一の被相続人から相続や遺贈によって財産を取得した人や相続時精算課税の適用を受ける贈与によって財産を取得した人のうち、相続税の申告書を提出しなければならない人が2人以上ある場合には、相続税の申告書を共同して提出することができます（法27⑤）。

ロ　申告書を提出しなければならない人が死亡した場合

前記イのとおり、相続税の申告書を提出しなければならない人は、その相続（「第1次相続」といいます。）の開始があったことを知った日の翌日から10か月以内に相続税の申告書を提出しなければなりませんが、その相続税の申告書を提出しなければならない人が、その申告書の提出期限前に申告書を提出しないで死亡（「第2次相続」といいます。）したときには、その人の相続人又は包括受遺者が第2次相続があったことを知った日の翌日から10か月以内に、その死亡した人に代わって申告書を提出しなければなりません（法27②）。

ハ　相続税法4条で遺贈により取得したものとみなされた場合

家庭裁判所の審判により、相続財産法人から相続財産の全部又は一部

の分与を受けたため、新たに相続税の申告書を提出しなければならないこととなった人は、その分与を受けることを知った日の翌日から10か月以内に、相続税の申告書を提出しなければなりません（法29①）。

ニ　出国等の場合

上記イからハまでの相続税の申告書を提出しなければならない人が相続税の申告書の提出期限までに納税管理人の届出をしないで日本国内（相続税法の施行地）に住所及び居所を有しないこととなる場合には、その住所及び居所を有しないこととなる日までに、相続税の申告書を提出しなければなりません（法27①②、29①）。

以上のイからニまでの提出期限までに提出された申告書を「期限内申告書」といいます。

ホ　胎児

相続開始の時における胎児が相続税の申告をする時にまだ生まれていないときは、相続税の課税価格の計算は、その胎児がいないものとして行い（相通11の２―３）、その後に胎児が出生したときに更正の請求などによって相続税の精算をすることができるようにしています（法32Ⅱ、基通32―１）。また、申告をする時において胎児が出生していたとして計算すれば、その相続によって財産を取得したすべての人の申告義務がなくなるような場合には、財産をもらった人の申請によって、胎児の出生後２か月の範囲内で申告期限の延長を受けることができます（相通27―６）。

（２）　申告書の提出先

相続税の申告書は、被相続人の死亡の時における被相続人の住所地を所轄する税務署長へ提出します（法附則③）。

しかし、被相続人の住所地が日本国内にない場合で、相続や遺贈又は相続時精算課税の適用を受ける贈与によって財産を取得した人の住所地が日本国内にある人については、財産を取得した人の住所地を所轄する税務署長が申告書の提出先となります（法27①、62①）。また、その場合において財産を取得した人の住所及び居所が日本国内にない場合には、納税地を定めて、その納税地の所轄税務署長に申告しなければならないことになっています（法62②）。

2 更正の請求

（1） 誤って過大な申告をした場合の更正の請求

相続税の期限内申告書又は期限後申告書についての修正申告書など納税申告書を提出した人は、それらの申告書を提出した後で、財産の評価や計算の誤りなどのために、申告書に記載した課税価格や税額（その税額について更正があった場合には、その更正後の税額）が過大であることに気が付いたときは、法定申告期限から５年以内に限り、その課税価格や税額を正当な額に訂正を求めるための更正の請求書を税務署長に提出することができます（通法23①）。

（2） 相続税に固有の事由が生じた場合の更正の請求

相続税については、計算の誤りや申告書の書き誤りなどのほか、納税者の過失や意思によらない場合にもその申告した課税価格や税額などが過大になってしまう場合があります。そこで、申告書（期限内申告書、期限後申告書又は修正申告書）を提出した後又は税務署長から更正又は決定の通知を受けた後に、次のいずれかの事由によって、その申告、更正又は決定に係る課税価格及び税額が過大になったときは、その事由が生じたことを知った日の翌日から4か月以内に限り、その課税価格や税額を正当な額に訂正を求めるための更正の請求書を税務署長に提出することができます（法32①）。

① 相続人などの間で分割されていない財産を相続人又は包括受遺者が民法（第904条の2を除きます。）の規定による相続分又は包括遺贈の割合に従って取得したものとして課税価格が計算されていた場合において、その後その財産の分割が行われ、その分割により取得した財産に係る課税価格がその相続分又は包括遺贈の割合に従って計算された課税価格と異なることとなったこと。

② 民法の規定による認知、相続人の廃除又はその取消しに関する裁判の確定、相続の回復、相続の放棄の取消しその他の事由によって相続人に異動が生じたこと。

③ 遺留分侵害額の請求に基づき支払うべき金額が確定したこと。

④ 遺贈に係る遺言書が発見され、又は遺贈の放棄があったこと。

⑤ 相続税法第42条第27項（同法第45条第2項において準用する場合を含みます。）の規定により条件を付して物納が許可された場合（同法第48条第2項の規定により当該許可が取り消され、又は取り消されることとなる場合に限ります。）において、当該条件に係る物納財産の性質その他の事情に関し次に掲げるものが生じたこと。

i 物納財産が土地である場合において、当該土地の土壌が土壌汚染対策法（平成14年法律第53号）第2条第1項《定義》に規定する特定有害物質その他これに類する有害物質により汚染されていることが判明したこと。

ii 物納財産が土地である場合において、当該土地の地下に廃棄物の処理及び清掃に関する法律（昭和45年法律第137号）第2条第1項

《定義》に規定する廃棄物その他の物で除去しなければ通常の用途に使用できないものがあることが判明したこと。

⑥ ①から⑤の事由に準ずる次の事由が生じたこと（令8②）。

i 相続若しくは遺贈又は贈与により取得した財産についての権利の帰属に関する訴えについての判決があったこと。

ii 民法第910条の規定による請求があったことにより弁済すべき額が確定したこと。

iii 条件付又は期限付の遺贈について、条件が成就し、又は期限が到来したこと。

⑦ 民法第958条の３第１項の規定により、相続財産法人に係る財産が被相続人の特別縁故者などに分与されたこと。

⑧ 相続税の申告書の提出期限までに分割ができなかった財産が、㋑申告期限から３年以内に分割された場合及び ㋺申告期限後３年を経過する日までに分割できないやむを得ない所定の事情があるため税務署長の承認を受けた場合において、その遺産の分割ができることとなった所定の日の翌日から４か月以内にその遺産の分割が行われ、その分割が行われた時以後において、配偶者の税額軽減に関する規定を適用して計算した相続税額が、その時前において配偶者の税額軽減の規定を適用して計算した相続税額と異なることとなったとき（前記①に該当する場合は除かれます。）

⑨ 国外転出をする場合の譲渡所得等の特例の適用がある場合の納税猶予（所得税法第137条の２第13項）による納税猶予分の所得税の納付義務を承継した相続人が、この納税猶予分の所得税に相当する所得税を納付することとなったこと。

⑩ 贈与等により非居住者に資産が移転した場合の譲渡所得等の特例

の適用がある場合の納税猶予（所得税法第137条の３第15項）による納税猶予分の所得税の納付義務を承継した適用贈与者等の相続人が、この納税猶予分の所得税に相当する所得税を納付することとなったこと。

注　特殊な場合の更正、決定

税務署長は、次の事由によって、納税者からの更正の請求に基づいて、更正をしたことに伴って、①その請求をした人と同じ被相続人から相続や遺贈によって財産を取得した他の人の相続税の課税価格や税額に異動を生じた場合、又は②新たに納付すべき税額があることとなった場合には、これらの人については、その事実に基づいて、その相続税の課税価格や税額を更正又は決定をすることになります。しかし、その場合に、その請求があった日から１年を経過した日と、更正や決定ができないこととなる日とのいずれか遅い日以後には、この更正や決定はできないことになっています（法35③）。

①　未分割遺産について分割の確定があったこと。

②　民法の規定による認知、相続人の廃除などに関する裁判の確定などによって相続人に異動が生じたこと。

③　遺留分による減殺請求に基づき返還すべき、又は弁償すべき額が確定したこと。

④　遺贈に係る遺言書が発見され、又は遺贈の放棄があったこと。

⑤　相続税法第42条第27項（同法第45条第２項において準用する場合を含みます。）の規定により条件を付して物納が許可された場合（同法第48条第２項の規定により当該許可が取り消され、又は取り消されることとなる場合に限ります。）において、当該条件に係る物納財産の性質その他の事情に関し次に掲げるものが生じたこと。

ⅰ　物納財産が土地である場合において、当該土地の土壌が土壌汚染対策法（平成14年法律第53号）第２条第１項《定義》に規定する特定有害物質その他これに類する有害物質により汚染されていることが判明したこと。

ⅱ　物納財産が土地である場合において、当該土地の地下に廃棄物の処理及び清掃に関する法律（昭和45年法律第137号）第２条第１項《定義》に規定する廃棄物その他の物で除去しなければ通常の用途に使用できないものがあることが判明したこと。

⑥　①から⑤の事由に準ずる一定の事由が生じたこと（一定の事由については、119頁の⑥参照。）。

3 税金の納付

相続税の期限内申告書を提出した人は、申告書の提出期限（この期限が同時に納期限となります。）までに、その申告書に記載した税額を国に納めなければなりません（法33）。

4 連帯納付の義務

(1) 同一の被相続人から相続や遺贈（相続時精算課税の適用を受ける財産に係る贈与を含みます。以下(1)において同じです。）によって財産を取得した人が２人以上ある場合には、そのすべての人はその相続や遺贈によって取得した財産についての相続税並びにその被相続人が納めるべき相続税について、相続や遺贈によって受けた利益の価額に相当する金額を限度として、互いに連帯納付の責任を負うことになっています（法34①②）。

(2) 相続税の課税価格の計算の基礎となった財産が、贈与、遺贈又は寄附行為により移転があった場合には、その贈与若しくは遺贈によって財産を取得した人又はその寄附行為によって設立された法人は、その贈与などをした人が納めるべき相続税のうち、取得した財産の価額に対応する部分の金額について、その受けた利益の価額に相当する金額を限度として、連帯納付の責任を負わなければなりません（法34③）。

5 延　　納

相続税もほかの税金と同様に金銭で一時に納めるのが原則ですが、相続税は財産課税の建前をとっていますので、期限までに税金を完納することが困難な場合も考えられます。そこで相続税については、課税された財産のうちに流動性に欠けるものがある場合には、納税資金を調達するのに時間を必要とすることを考慮し、一定の条件の下に、年賦延納の制度が設けられています。

(1) 延納ができる場合

相続税を延納するためには、申請によって延納の許可を受けることになっています。この延納の許可を受けるための要件は次のとおりですが、この要件のいずれにもあてはまれば5年以内の年賦延納をすることができます。また、相続や遺贈によって取得した財産の価額のうちに不動産等（後記(3)参照）の価額が半分以上である場合には、その不動産等の価額に対応する税額については15年以内（不動産等の価額が75%以上である場合には、その不動産の価額に対応する税額は20年以内）、その他の動産等の価額に対応する税額については10年以内の年賦延納をすることができます（法38①、措法70の10①）。

イ　申告による納付税額又は更正、決定による追徴税額が10万円を超え、かつ、それを納付しなければならない者について納期限までに、又は納付すべき日に金銭で納付することを困難とする事由があること。

注　1　この場合の申告には、期限内申告のほか期限後申告や修正申告なども含まれます。
　　2　税額が10万円を超えるかどうかは、期限内申告、期限後申告、修正申告、更正又は決定によって納付すべき相続税額のそれぞれごとに判定することになっています（相通38—1）。

ロ　担保を提供すること。

ただし、延納税額が50万円未満で、かつ延納期間が3年以内であるときには担保を提出する必要はありません。

ハ　年賦延納をしようとする相続税の納期限又は納付すべき日（以下「延納申請期限」といいます。）までに所定の事項を記載した延納申請書に担保の提供に関する書類（以下「担保提供関係書類」といいます。）を添えて、その延納申請書を提出すること（法39①）。

ただし、延納申請期限までに担保提供関係書類を提出することができない場合は、届出により提出期限の延長（最長6か月）が認められます（法39⑥⑦⑧⑨）。

（2）　担保の種類

年賦延納をする場合に提供する担保は、次のようなものとされていますが（通法50）、担保として提供されたものは、延納税額を完納しなかった場合には公売され、その代金が延納税額や利子税額などに充てられることになっています。ですから、延納税額や利子税額などを十分に担保できる価額のものでなければなりません。

なお、担保として提供する財産は、相続や遺贈によって取得した財産でなくてもよいことになっています。また、所有者の承諾を得て他人のものを担保として提供することもできます。

イ　国債及び地方債

ロ　社債その他の有価証券で税務署長が確実と認めるもの

ハ　土地

ニ　建物、立木、船舶、航空機などで保険に付したもの

ホ　鉄道財団、工場財団、鉱業財団など

ヘ　税務署長が確実と認める保証人の保証

注　ロの有価証券のうち、取引相場のない株式については、①相続等により取得した財産のほとんどが取引相場のない株式で、かつ、当

相続税編　第11章　相続税の申告と納税

該株式以外に延納担保として提供すべき財産がないと認められる場合又は②取引相場のない株式以外に財産はあるが、その財産が他の債務の担保となっており、延納担保として提供するのが適当ではないと認められる場合に限り、担保として提供することができます。

(3) 延納期間及び延納税額に対する利子税

イ　延納期間

相続税の延納期間は、原則は5年以内となっています。ただし、相続や遺贈によって取得した財産の価額のうち、次に掲げる財産の価額の合計額（以下「不動産等の価額」といいます。）が50%以上になる人の場合の延納期間は、不動産等の価額に対応する相続税額については15年以内（不動産等の価額が75%以上である場合には、その不動産の価額に対応する相続税額は20年以内）、その他の動産等の価額に対応する相続税額については10年以内となっています（法38①、令13、措法70の10①、措令40の11①）。

(イ)　不動産及び不動産の上に存する権利

(ロ)　立木

(ハ)　事業用の減価償却資産

(ニ)　特定の同族会社の株式又は出資

この場合の特定の同族会社とは、相続や遺贈によって財産を取得した人及びその人の親族その他特別の関係がある人の有する株式の数又は出資の金額の合計額が、その会社の発行済株式の総数又は出資の総額の50%超となる会社（その発行する株式が証券取引所において上場されている法人を除きます。）をいいます。

注　農地等についての相続税の納税猶予の特例の適用を受ける人が、期限内納付分について延納をする場合において、上記の不動産等の価額が50%以上（又は75%以上）であるかどうかを判定するときは、納税猶予を受ける農地等の価額は、農業投資価格によって計算します。

ロ　延納税額に対する利子税

延納の許可を受けた税金には、利子税がかかります。

<table>
<tr><th colspan="2" rowspan="2">区　　　分</th><th rowspan="2">延納期間
(最　高)
年</th><th colspan="2">利 子 税</th></tr>
<tr><th>年割合
%</th><th>特例割合
%</th></tr>
<tr><td rowspan="3">不動産等の割合が75%以上の場合</td><td>①動産等に係る延納相続税額</td><td>10</td><td>5.4</td><td>0.6</td></tr>
<tr><td>②不動産等に係る延納相続税額(③を除く。)</td><td>20</td><td>3.6</td><td>0.4</td></tr>
<tr><td>③計画伐採立木の割合が20%以上の場合の計画伐採立木に係る延納相続税額</td><td>20</td><td>1.2</td><td>0.1</td></tr>
<tr><td rowspan="3">不動産等の割合が50%以上75%未満の場合</td><td>④動産等に係る延納相続税額</td><td>10</td><td>5.4</td><td>0.6</td></tr>
<tr><td>⑤不動産等に係る延納相続税額(⑥を除く。)</td><td>15</td><td>3.6</td><td>0.4</td></tr>
<tr><td>⑥計画伐採立木の割合が20%以上の場合の計画伐採立木に係る延納相続税額</td><td>20</td><td>1.2</td><td>0.1</td></tr>
<tr><td rowspan="4">不動産等の割合が50%未満の場合</td><td>⑦一般の延納相続税額（⑧、⑨及び⑩を除く。)</td><td>5</td><td>6.0</td><td>0.7</td></tr>
<tr><td>⑧立木の割合が30%を超える場合の立木に係る延納相続税額（⑩を除く。)</td><td>5</td><td>4.8</td><td>0.5</td></tr>
<tr><td>⑨特別緑地保全地区等内の土地に係る延納相続税額</td><td>5</td><td>4.2</td><td>0.5</td></tr>
<tr><td>⑩計画伐採立木の割合が20%以上の場合の計画伐採立木に係る延納相続税額</td><td>5</td><td>1.2</td><td>0.1</td></tr>
</table>

注　「特例割合」は、国内銀行の貸出約定平均金利が0.5%の場合のも

のです。
〔特例割合の計算式〕（措法93）

$$利子税の割合 \times \frac{特例基準割合}{7.3\%}$$

※　特例基準割合：0.5％＋平均貸付割合
※　国内銀行の貸出約定平均金利：各年の前年の12月15日までに財務大臣が告示する割合（0.4％）

㈟　0.1％未満の端数は切り捨てます。

（4）　延納する場合の手続

相続税を延納しようとする場合には、延納の申請書を提出して許可を受けることになっています。

延納の申請をする場合には、納付することを困難とする事由及びその困難とする金額、延納を求めようとする税額、延納をしようとする期間並びに分納税額及びその納期限、担保の内容その他定められた事項を記載した延納申請書を、相続税の納期限又は納付すべき日までに、提出することになっています（法39①、令15、規20）。

6　物　　納

相続税は、他の税金と同じように金銭で納めるのが原則ですが、相続税は、財産税的な性格をもっています。たとえば、相続や遺贈などによって取得した財産が土地や家屋などのように換金しにくいものである場合もあります。このような場合には、年賦延納の許可を受けても、その延納期間や分納期限までに税金を納めることができないこともあります。そこで、相続税については、延納の制度のほかに一定の条件の下に物納の制度が設けられています。

(1) 物納ができる場合

相続税の物納をしようとする場合には、申請によって物納の許可を受けることになっています。この物納の許可を受けるためには、次のいずれの要件にもあてはまらなければなりません（法41）。

イ　申告による納付税額又は更正、決定による追徴税額を延納によっても金銭で納付することを困難とする事由があること。

ロ　物納しようとする相続税の納期限又は納付すべき日（以下「物納申請期限」といいます。）までに、延納によっても金銭で納付することを困難とする事由、物納しようとする税額その他所定の事項を記載した物納申請書に、その物納申請をする財産ごとの必要書類を添えて、その物納申請書を提出すること（法42、規22）。

(2) 物納に充てることのできる財産の種類及び順位

物納に充てることのできる財産は、納付すべき相続税の課税価格計算の基礎となった相続財産のうち、その所在が日本国内にあるもの（相続開始前3年以内にその被相続人から贈与を受けた財産で、その価額が相続税の課税価格に加算されたものを含みますが、相続時精算課税の適用を受ける財産は含みません。）で、次に掲げる要件を満たすものに限られます（法41）。

① 物納申請財産の種類及び順位に従っていること

② 管理処分不適格財産でないこと

③ 物納劣後財産に該当する場合は、他に適当な財産がないこと（物納申請財産がこの「物納劣後財産」に該当する場合には、物納申請に当たって「他に適当な価額の財産がないことについての申出書」を提出してください。）

④　物納に充てる財産の価額は、原則として、物納申請税額を超えないこと

物納申請財産の種類と順位

順位	物納に充てることができる財産の種類
第１順位	①　不動産・船舶・有価証券（次のイ～へに掲げるもの） 有価証券 イ　国債・地方債 ロ　金融商品取引所に上場されている社債、株式 ハ　換価の容易な証券投資信託の受益証券（例：株式投資信託・公社債投資信託） ニ　貸付信託 ホ　次の上場有価証券 a　新株予約権証券 b　投資信託及び投資法人に関する法律第２条第３項に規定する投資信託の受益証券（例：ETF） c　投資信託及び投資法人に関する法律第２条第15項に規定する投資証券（例：JREAT） d　資産の流動化に関する法律第２条第13項に規定する特定目的信託の受益証券 e　信託法第185条第３項に規定する受益証券発行信託の受益証券（例：ETN） へ　投資信託及び投資法人に関する法律第２条第12項に規定する投資法人の投資証券で財務省令において定めるもの
	②　不動産のうち物納劣後財産に該当するもの
第２順位	①　金融証券取引所に上場されていない社債、株式、証券投資信託の受益証券又は貸付信託の受益証券（換価の容易なものとして財務省令で定められているものを除きます。）
	②株式のうち物納劣後財産に該当するもの
第３順位	動産

（３）　収納価額

物納財産を国が収納するときの価額は、原則として課税価格計算の基礎となった財産の価額によります（法43①）。

注　相続税の課税価格の計算の特例（例：措法69条の４）の適用を受け

た相続財産を物納する場合の収納価額は、これらの特例の適用を受けた後の価額が収納価額となります。

（4） 物納する場合の手続

相続税を物納しようとする場合には、物納の申請書を提出して許可を受けることになっています。

物納の申請をする場合には、物納しようとする税額、物納に充てようとする財産の種類、数量、価額その他定められた事項を記載した物納申請書を、相続税の納期限又は納付すべき日までに提出することになっています。また、物納申請書には、物納手続関係書類を添付して提出することになっていますが、物納手続関係書類及びその手続は、物納申請する財産の種類によって異なります。

（5） 物納の撤回

賃借権などが設定されている土地又は家屋について物納の許可を受けた後に、物納税額を金銭により一時に納付又は延納により納付することができることとなったときは、その物納の許可を受けた後１年以内に限り、税務署長の承認を得てその物納を撤回することができます（法46）。

なお、撤回の承認を得ようとする財産が既に換価されていたとき、又は公用若しくは公共の用に供されることが確実であると見込まれるときは、物納の撤回承認申請は却下されます。

（6） 特定物納制度

相続税の納付方法として延納を選択した納税者が、その後の資力の変化等により、延納条件の変更を行ったとしても延納を継続することが困難となった場合には、その納付を困難とする金額を限度として、その相続税の申告期限から10年以内の申請により、延納から物納に変更することができます（以下「特定物納」といいます。）（法48の２）。

なお、利子税及び延滞税は、特定物納の申請をすることができません。

7　相続時精算課税に係る贈与税額の還付

相続時精算課税適用者は、本制度の適用を受けた贈与財産について課税された贈与税がある場合において、この金額を相続税額から控除してもなお控除しきれない金額があるときは、その控除しきれなかった金額の還付を受けるために納税地の所轄税務署長に相続税の申告書を提出することができます（法27③、33の２）。

贈与税編

1 贈与税とは

〔ポイント〕

1．贈与税は、財産の贈与を受けた者に対してかかる税金です。

2．贈与税は相続税の補完税としての役割を持っているといわれており、相続税に比べて、基礎控除額や税率などの面で税負担が重くなるように決められています。

3．平成15年度税制改正により、相続税と贈与税が一体のものとして位置付けられた相続時精算課税が創設されました。

昭和22年に、はじめて贈与税ができたときには、その名のとおり、贈与者に対し、贈与した財産について課税されていましたが、昭和28年に、贈与税という名称はそのままにして、財産を取得した人に課税されるように改められました。

そして、平成15年に相続時精算課税が創設されました。

1 贈与とは

贈与とは、当事者の一方が自己の財産を無償で相手方に与える意思を表示し、相手方がこれを受諾することによって成立する契約のことをいいます（民法549）。

贈与の意思表示は書面でも口頭でもよいこととなっています。書面によった場合は、一般の契約と同じように、これを取り消すことができないものとされ、書面によらない贈与については、まだ、その履行の終らない部分に限り、いつでも取り消すことができるものとされています。

贈与には、普通の贈与のほかに、特殊な形態の贈与として、①定期贈与　②負担付贈与　③死因贈与　があります。

注　死因贈与については、遺贈に関する規定が準用されますので、贈与税の課税対象から除かれ、その財産は相続税の課税対象となります（法1の3）。

2　贈　与　税

贈与税の課税方式には、暦年課税と相続時精算課税があります。

（1）　暦年課税

暦年課税は、その年中（暦年）に贈与を受けた財産の価額の合計額から110万円の基礎控除を行った課税価格に10%～55%の累進税率を乗じて贈与税額を計算する課税方式です。

（2）　相続時精算課税

相続時精算課税は、親（祖父母）から子（孫）への贈与について、贈与時には、この課税制度に基づく課税価格（110万円の基礎控除後に特別控除額（累積で2,500万円）を控除）及び税率（一率20%）で計算した贈与税を納付し、その後贈与をした親の相続が開始した時に、この課税制度を適用した財産をこの相続財産に加えて相続税を計算し、この制度により既に納付した贈与税を相続税から控除することで相続時に精算するもので、この課税制度を選択するためには届出をする必要があります。

注　110万円の基礎控除は、令和6年1月1日以後の贈与により取得する財産に係る贈与税について適用されます。

贈与税の課税方式（暦年課税と相続時精算課税）の比較

区分	暦　年　課　税	相　続　時　精　算　課　税 （相続税・贈与税の一体化措置）
贈与者・受贈者	親族間のほか、第三者からの贈与を含む。	60歳以上の親（祖父母）から18歳（令和４年３月31日までの贈与は20歳）以上の子（孫）への贈与
選択	不要	必要（贈与者ごと、受贈者ごとに選択） → 一度選択すれば、相続時まで継続適用
課税時期	贈与時 （その時点の時価で課税）	同左
控除	基礎控除（毎年）：110万円	基礎控除（毎年）：110万円 特別控除（限度額まで複数回使用可）：2,500万円
税率	10％～55％（8段階）	一律 20％
相続時	相続等により財産を取得した者については、相続開始前７年以内に取得した贈与財産を贈与時の時価で相続財産に合算	贈与財産を贈与時の価額（110万円の基礎控除後）で相続財産に合算（相続税額を超えて納付した贈与税は還付）

財務省ホームページ掲載資料に筆者が一部加筆修正

注　1　相続時精算課税の110万円基礎控除は、令和６年１月１日以後に贈与により取得する財産に係る贈与税について適用されます。

2　暦年課税の相続時贈与財産の加算の経過措置については、48頁参照。

(3) 相続税との関係

贈与によって財産を取得すると、なぜ贈与税がかかるのでしょうか。

個人から財産を無償で取得する場合を考えてみますと、普通三つの場合があります。第一は、相続によって財産を取得する場合です。第二は、遺贈、すなわち遺言によって財産を取得する場合です。第三は、贈与によって財産を取得する場合です。

人の死亡により、相続が開始し、その遺産は相続人などに分けられますが、相続や遺贈又は死因贈与によって財産を取得した人には、その取得した財産に対して相続税が課税されます（法1の3）。

しかし、その人の生前中に、将来相続人となる人などに財産を贈与してしまえば、その贈与者が死亡したときには、その死亡した人の財産が少なくなっているため相続税がかからなくなったり、かかっても少ない負担で済むことになります。

そうなりますと、相続税が設けられていても、相続税を課税することができなくなるばかりか、生前に贈与をした人と贈与をしなかった人との間では、税負担に大きな不公平が生じてくることになります。

そこで、相続や遺贈又は死因贈与によって取得した財産に対して相続税を課税し、一方では、生前中に贈与した財産に対しても課税するという意味から、財産の贈与があった場合には、その取得した財産に対して贈与税を課税することにしています。

贈与税は、このような目的をもって設けられていることから、相続税の補完税であるといわれています。そこで、贈与税は相続税法の中に規定されています。

なお、財産の贈与を受けますと、その分だけ資力が増加し、税金を負担する能力（担税力）が生ずることになります。贈与税はこの担税力に着目して課税する税金でもありますから、将来相続人とならない人に財産を贈与した場合であっても贈与税は課税されます。

(4) 所得税との関係

① 個人からの贈与

個人が財産を無償で取得すれば、それだけ財産が増えることになります。財産を取得したことによる所得は、本来ならば、所得税が課税されることになりますが、贈与によって取得した財産に対しては、贈与税がかかるため、所得税は課税されないこととされています（所法９①XⅥ）。

② 法人からの贈与

法人から財産の贈与を受けた場合には、その贈与については贈与税ではなく、一時所得として所得税が課税されます（所通34―１）。これは、贈与税というのは相続税の補完税ですから、人の死亡、すなわち相続ということが起こりえない法人から贈与を受けた財産には、贈与税を課税する必要がないからです。

3 贈与税の課税時期

贈与税は、贈与により取得した財産に対して課税されますから、その時期がいつであるかということは、納税義務の発生の時期や贈与財産の評価の時期、申告期限などに関連し重要な事項です。

【原則】（相通１の３・１の４共―８）

① 書面による贈与については、その贈与契約の効力が発生した時

② 書面によらない贈与については、その贈与の履行があった時

ただし、次に掲げる贈与は、それぞれ次による時とされます。

【条件付贈与】（相通1の3・1の4共—9）

停止条件付の贈与については、その条件が成就した時

【農地】（相通1の3・1の4共—10）

農地及び採草放牧地の贈与については、農地法第3条又は第5条の規定により農業委員会又は都道府県知事の許可のあった日又は届出の効力が生じた日後に贈与の効力が発生すると認められるものを除き、その許可のあった日又は届出の効力の生じた日

【特例】（相通1の3・1の4共—11）

所有権等の移転の登記又は登録の目的となる財産について上記原則により贈与の時期を判定する場合に、その贈与の時期が明確でないときは、特に反証のない限りその登記又は登録があった時に贈与があったものとして取り扱われています。ただし、鉱業権の贈与については、鉱業原簿に登録した日に贈与があったものとして取り扱われています。

2 贈与税の納税義務者

〔ポイント〕

1．贈与税の納税義務者は、原則として贈与により財産を取得した個人です。

2．人格のない社団や財団で代表者又は管理人の定めのあるものや、一定の要件に当てはまる持分の定めのない法人も、贈与税の税負担の公平を図るために、個人とみなされて課税されます。

1 個　　人

個人の納税義務者は、財産を取得した時、その人の住所が日本国内にあるかどうかにより、居住無制限納税義務者、非居住無制限納税義務者又は制限納税義務者に分けて定義されています。

(1) 居住無制限納税義務者

贈与により財産を取得した次に掲げる者で、財産を取得した時において相続税法の施行地（以下「日本国内」といいます。）に住所を有する受贈者をいいます（法1の4①Ⅰ）。

① 一時居住者でない受贈者

【一時居住者】

贈与の時において出入国管理及び難民認定法別表第1の在留資格（以下「在留資格」といいます。）がある者で、贈与前15年以内において日本国内に住所があった期間の合計が10年以下の受贈者をいいます（法１の４③Ⅰ）。

② 一時居住者である受贈者で、その贈与者が外国人贈与者又は非居住贈与者でない場合

【外国人贈与者】

贈与時に在留資格があり、かつ、日本国内に住所がある贈与者をいいます（法１の４③Ⅱ）。

【非居住贈与者】

贈与の時において日本国内に住所を有していなかった者で次に掲げる者をいいます（法１の４③Ⅲ）。

イ 贈与前10年以内のいずれかの時において日本国内に住所があった者で、いずれの時においても日本国籍を有していなかった者

ロ 贈与前10年以内のいずれの時においても日本国内に住所がなかった者

（２） 非居住無制限納税義務者

贈与により財産を取得した次に掲げる者で、財産を取得した時において日本国内に住所を有しない受贈者をいいます（法１の４①Ⅱ）。

① 日本国籍を有する受贈者の場合

イ 贈与前10年以内のいずれの時においても日本国内に住所を有していたことがある受贈者

ロ 贈与前10年以内のいずれの時においても日本国内に住所を有していたことがない受贈者で、その贈与者が外国人贈与者又は非居住贈与者でない場合

② 日本国籍を有しない受贈者の場合

その贈与者が外国人贈与者又は非居住贈与者でない場合

(3) 制限納税義務者

① 贈与により日本国内の財産を取得した個人で、贈与時に日本国内に住所のある受贈者（ただし、上記(1)に該当する受贈者は除かれます。）をいいます（法1の4①Ⅲ）。

② 贈与により日本国内の財産を取得した個人で財産を取得した時において日本国内に住所を有しない受贈者（前記(2)に該当する受贈者は除かれます。）をいいます（法1の4①Ⅳ）。

(4) 国外転出に係る納税猶予の適用者

所得税法第137条の2（国外転出をする場合の譲渡所得等の特例の適用がある場合の納税猶予）又は第137条3（贈与等により非居住者に資産が移転した場合の譲渡所得等の特例の適用がある場合の納税猶予）の規定の適用がある場合における上記(1)②、(2)①ロ、(2)②については、次のとおりです（法1の4②）。

① 所得税法第137条の2第1項（同条第2項の規定により適用する場合も含まれます。）の規定の適用を受ける個人が財産の贈与をした場合

この贈与係る贈与税の上記(1)②、(2)①ロ、(2)②の適用については、この個人は、贈与前10年以内のいずれかの時において日本国内に住所を有していたものとみなされます。

② 所得税法第137条の3第1項（同条第3項の規定により適用する場合も含まれます。）の規定の適用を受ける者から同法第137条の3第1項の規定の適用に係る贈与により財産を取得した受贈者が財産の贈与

(二次贈与）をした場合

この二次贈与に係る贈与税の上記(1)②、(2)①ロ、(2)②の適用については、この受贈者は、二次贈与前10年以内のいずれかの時において日本国内に住所を有していたものとみなされます。ただし、受贈者が所得税法第137条の３第１項の適用に係る贈与前10年以内のいずれの時においても日本国内に住所を有していたことがない場合は除かれます。

③　所得税法第137条の３第２項（同条第３項の規定により適用する場合も含まれます。）の規定の適用を受ける相続人（包括受遺者も含まれます。）が財産の贈与をした場合

この贈与に係る贈与税の上記(1)②ロ、(2)①ロ、(2)②の適用については、この相続人は、この贈与前10年以内のいずれかの時において日本国内に住所を有していたものとみなされます。ただし、この相続人が所得税法第137条の３第２項の規定の適用に係る相続の開始前10年以内のいずれの時においても日本国内に住所を有していたことがない場合は除かれます。

2　納税義務の範囲

前記１の各納税義務者の贈与税の納税義務の範囲は、それぞれ次のとおりです（相通１の３・１の４共−３）。

(1)　無制限納税義務者（「居住無制限納税義務者」「非居住無制限納税義務者」）

贈与により取得した財産の所在地がどこにあるかにかかわらず、取得財産の全部に対して贈与税の納税義務を負います。

(2) 制限納税義務者

贈与により取得した財産のうち、日本国内にあるものに対してだけ贈与税の納税義務を負います。

※ 財産の所在（法10）については、42頁を参照してください。

3 人格のない社団や財団

贈与税は、原則として個人にかかる税金ですが、相続税法では、代表者又は管理者の定めのある人格のない社団や財団（例えば、PTA、校友会、後援会）が、個人から贈与により財産を取得した場合には、これらの人格のない社団や財団は個人とみなされ、贈与税が課税されます（法66①）。

また、人格のない社団や財団を設立するために、個人から財産の提供があった場合にも、これらの人格のない社団や財団は個人とみなされ、贈与税が課税されます（法66②）。

4 持分の定めのない法人

会社などの法人が贈与により財産をもらっても、贈与税はかかりません。その代わりに、その法人が無償で財産を取得したことによる所得に対しては法人税がかかります。

一般社団法人及び一般財団法人に関する法律の規定により設立された法人や学校法人、社会福祉法人など持分の定めのない法人については、当該法人に対して財産を贈与したことにより、贈与者の親族やその他これらの者と特別の関係にある者の相続税や贈与税の負担が不当に減少する結果となると認められる場合には、その持分の定めのない法人を個人とみなして、これに贈与税を課税することとされています（法66④）。

なお、これらの持分の定めのない法人を設立するために財産の提供があった場合にも、そのことにより、財産の提供者の親族などの相続税や贈与税の負担が不当に減少する結果となると認められるときは、当該法人についても同様です。

3 贈与税の課税財産

〔ポイント〕

1．贈与税の課税財産には、贈与により取得した財産（例・土地等）と

2．贈与により取得したものとみなされる財産（例・生命保険金等）とがあります。

贈与税の納税義務は、贈与により財産を取得した場合のほかに、相続税法で贈与により取得したとみなす場合にも生じます。なお、死因贈与により取得した財産は、相続税の対象となりますので贈与税の納税義務は生じません。

1 贈与によって取得した財産

贈与税がかかる財産は、贈与により取得したすべての財産ですが、非課税財産は除かれます。ここで財産というのは、金銭に見積ることができる経済的価値があるすべてのものをいいます。

したがって、財産には、土地、家屋、株式、特許権などの物権、債権、無体財産権だけでなく、信託受益権、電話加入権なども含まれますし、また、法律上の根拠がなくても経済的価値が認められているもの、例えば、営業権のようなものも財産に含まれます。しかし、質権、抵当権又は地役権のように従たる権利は、主たる権利の価値を担保し、又は増加させるものであって、独立した財産とはなりません。

2 贈与によって取得したものとみなされる財産

(1) 保険金

生命保険契約又は損害保険契約の保険事故の発生により保険金を受け取った者が、その保険の保険料を負担していない場合には、その保険事故が発生した時に、実際に保険料を負担した者から保険金を贈与によって取得したものとみなされます（法5①）。

これにあてはまる場合としては、①満期保険の保険金を受け取った場合と、②人の死亡を保険事故として保険金を受け取った場合とがあります。

なお、生命保険契約等の解除や失効などによって、解約返れい金などを受け取った場合にも、これに準じて取り扱われます（法5②）。

注　次に掲げる保険金については、贈与によって取得したものとはみなされません（令1の5）。

(イ) 自動車損害賠償責任保険契約に基づく保険金
(ロ) 自動車損害賠償責任共済の契約に基づく共済金
(ハ) 原子力損害賠償責任保険契約に基づく保険金
(ニ) その他の損害賠償責任に関する保険や共済にかかる契約に基づく保険金や共済金

① 満期保険金を受け取った場合

他人が保険料の全部又は一部を負担している生命保険契約の期間が満了して保険金を受け取った場合には、満期となった時に、受け取った保険金のうち次により計算した金額は、その保険料の負担者から贈与によって取得したものとみなされます。

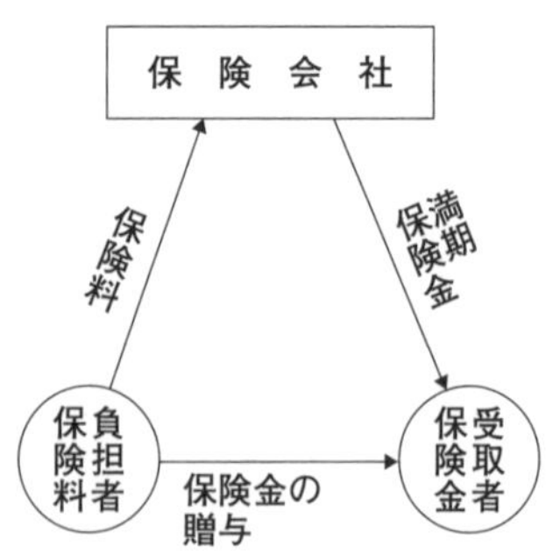

$$\text{保険金受取人が贈与によって取得したものとみなされる金額} = \left(\text{受け取った満期保険金}\right) \times \frac{\text{受取人以外の者が負担した保険料の金額}}{\text{満期までに払込まれた保険料の全額}}$$

② 死亡保険金を受け取った場合

死亡保険金を受け取った場合に、被相続人以外の者が保険料を負担していたときは、その保険金の受取人は、保険料を負担した者から、次に掲げる保険金をそれぞれ贈与によって取得したものとみなされます。

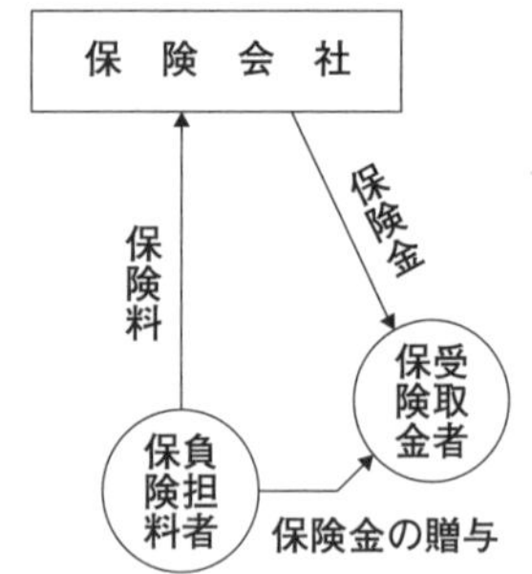

$$\text{保険金受取人が贈与によって取得したものとみなされる金額} = \left(\text{受け取った保険金}\right) \times \frac{\text{受取人以外の者が負担した保険料}}{\text{保険事故発生の時までに払込まれた保険料の全額}}$$

注　相続税がかかる場合

被相続人の死亡により被相続人が保険料の全部又は一部を負担し

ていた生命保険契約等に係る保険金を取得した場合には、その保険金の受取人がその者の相続人であれば相続により、その他の者であれば遺贈により取得したものとして、その保険金のうち被相続人が負担していた保険料に相当する金額に対して、それぞれ相続税がかかることになります（法３①一）。

③　生命保険金と税金の関係

生命保険金の課税関係をまとめると次の表のように整理できます。

	契約者	被保険者	保険料負担者	保険金受取人	保険事故等	課税関係	関係法令等
ケース①	A	A	A	A	満期	Aの一時所得となる。	所令183②
					Aの死亡	Aの相続人が相続により取得したものとみなされる。	相法3①一
ケース②	A	A	A	B（Aの子）	満期	BがAから贈与により取得したものとみなされる。	相法5①
					Aの死亡	Bが相続により取得したものとみなされる。（Bが相続を放棄した場合は遺贈による取得）	相法3①一
					Aの高度障害	課税されない。	所法9①十八、所令30一、所基通9-21
ケース③	A	A	C	B（Aの子）	満期 Aの死亡	BがCから贈与により取得したものとみなされる。	相法5①
ケース④	A	A	A1/2 C1/2	B（Aの子）	満期	BがAとCから贈与により取得したものとみなされる。	相法5①
					Aの死亡	BがAから2分の1を相続により取得したものとみなされる。	相法3①一
						BがCから2分の1を贈与により取得したものとみなされる。	相法5①

『令和５年版 図解 相続税・贈与税』（大蔵財務協会）を一部修正して引用

（2） 定期金

定期金給付契約の給付事由の発生により、定期金を受け取ることとなった場合に、その契約による掛金又は保険料の全部又は一部を他人が負担していたときには、その給付事由の発生の時に、定期金の受取人はその定期金の支給を受ける権利を、掛金又は保険料を負担した者から贈与によって取得したものとみなされます（法6①）。

個人年金保険などのように一定期間、定期的にお金を受け取ることができるものがこれに当たります。

なお、定期金給付契約の解除や失効などにより、返還金その他これに準ずるものをもらった場合にも、その掛金又は保険料を他人が負担していた場合には、上記に準じて取り扱われます（法6②）。

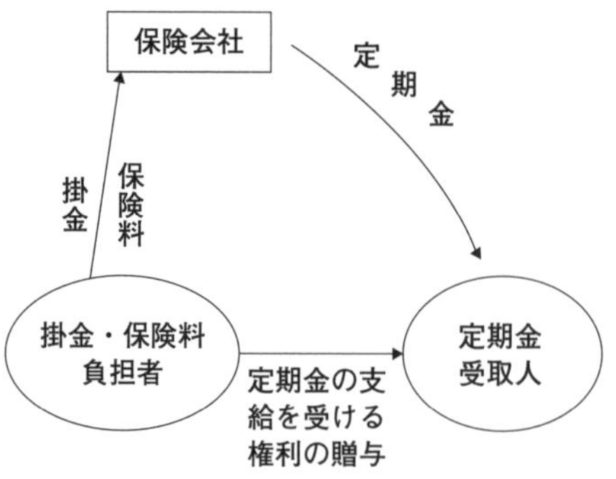

定期金受取人が贈与によって取得したとみなされる金額＝（定期金給与契約に関する権利の価額）×（第三者が負担した掛金又は保険料の額）／（給付事由の発生の時までに払い込まれた掛金又は保険料の額）

(3) 低額譲受

著しく低い価額の対価で財産を譲り受けた場合（いわゆる低額譲受の場合）には、その財産を譲り受けたときに、その対価と財産の時価との差額に相当する金額を、その財産を譲渡した者から贈与によって取得したものとみなされます（法7）。

これは、このような譲渡が、親族間等で行われ、明らかに相手方に利益を与えるという意図に基づいている場合が多いと考えられることや、また、実際は贈与でありながら、贈与税の負担を免れるために、形式的には売買があったこととするようなことも考えられますので、一般的な財産の贈与があった場合との課税の公平を期するために、このような措置がとられているものです。

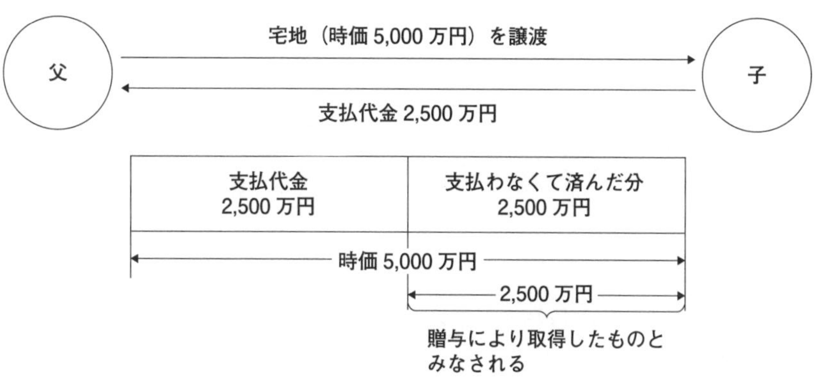

なお、著しく低い価額の対価で財産を譲り受けても、その財産を譲り受けた者が資力をなくして、債務を弁済することが困難であるため、その債務の弁済にあてる目的で、その者の扶養義務者から、著しく低い価額の対価で、財産を譲り受けたようなときには、その財産の対価と時価との差額のうち、債務を弁済することが困難であると認められる部分の金額は、贈与の課税対象とはなりません（法7ただし書）。

（4） 債務免除等

対価を支払わないで、又は著しく低い価額の対価で債務の免除、引受け又は第三者のためにする債務の弁済による利益を受けた場合には、これらの行為があった時に、その利益を受けた者が、その債務の免除、引受け又は弁済にかかる債務の金額に相当する金額（対価の支払があった場合には、その価額を差引いた金額）を、その債務の免除等をした者から贈与により取得したものとみなされます（法8）。

しかし、債務の免除等が次に掲げるような場合には、贈与があったものとする金額のうち、その債務を弁済することが困難である部分の金額については、贈与税の対象とはなりません（法8ただし書）。

（ⅰ） 債務者が資力をなくして、債務を弁済することが困難であるため、その債務の全部又は一部の免除を受けたとき

（ⅱ） 債務者が資力をなくして、債務を弁済することが困難であるため、その者の扶養義務者によってその債務の全部又は一部の引受けや弁済がなされたとき

〔債務の免除〕

債権者が債務者の債務を免除することをいいます。

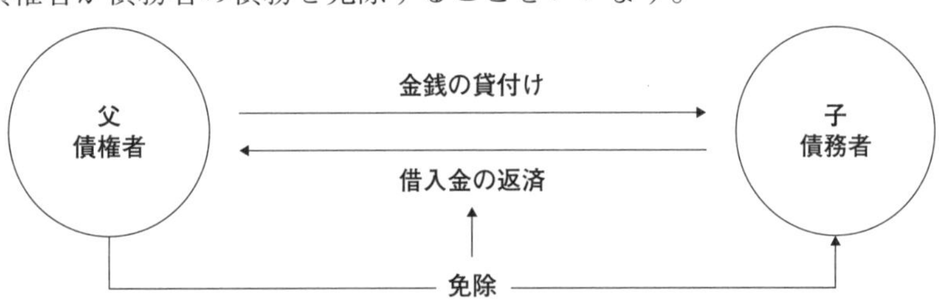

〔債務の引受け〕

債務者以外の者が債務を引き受け、その者が債務者になることをいいます。

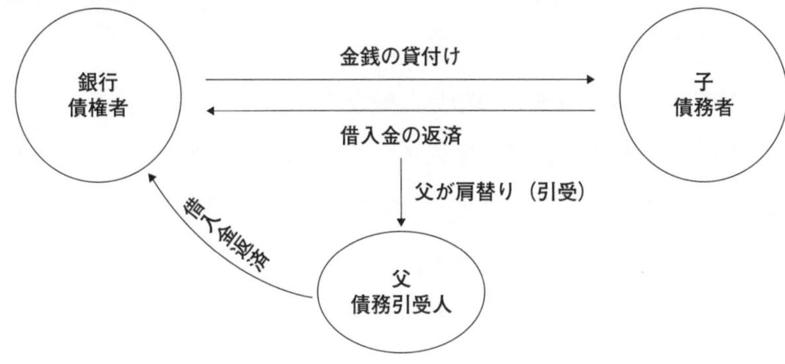

〔第三者のためにする債務の弁済〕

債務者の債務を、他の者が代わって弁済することをいいます。

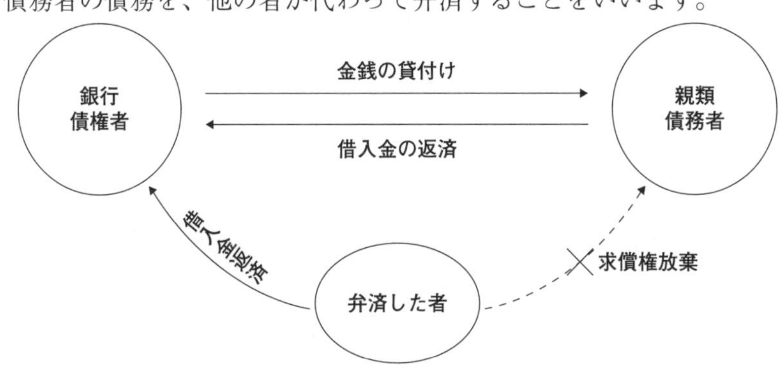

（5） その他の利益を受けた場合

対価を支払わないで、また、著しく低い価額の対価で利益を受けたような場合には、その利益を受けた者が、その利益の価額に相当する金額を贈与によって取得したものとみなされます（法9）。

しかし、このような場合であっても、その行為が、利益を受ける者の資力がなくなって債務を弁済することが困難であるために、その者の扶養義務者からその者の債務の弁済に充てるためになされたものであるときは、その受けた利益のうち、債務を弁済することが困難である部分の金額については、贈与がなかったものとされます（法9ただし書）。

具体的には次の場合をいいます。

① 株式や出資の価額が増加した場合

同族会社の株式や出資の価額が、例えば次の（ⅰ）から（ⅳ）までに掲げるような事由により増加した場合には、その株主や社員がその株式や出資の価額のうち増加した部分に相当する金額を、それぞれ次に掲げる者から贈与により取得したものとされます。

（ⅰ） 会社に対して無償で財産の提供があった場合――その財産を提供した者

（ⅱ） 時価より著しく低い価額で現物出資があった場合――その現物出資をした者

（ⅲ） 対価を受けないで債務の免除があった場合――その債務を免除した者

（ⅳ） 会社に対して時価より著しく低い価額の対価で財産の譲渡をした場合――その財産を譲渡した者

以上の場合における贈与による財産の取得の時期は、それぞれ財産の提供があった時、債務の免除があった時、又は財産の譲渡があった時となります。

上記（ⅰ）、（ⅲ）又は（ⅳ）の場合であっても、会社の取締役、業務を執行する社員その他これに準ずる者が、その会社が会社更生、再生計画認可の決定、会社の整理等の法定手続による整理などで、その会社に対して無償で財産を提供したとき、その会社の債務を引き受けたり、若しくは弁済したりしたとき、又は無償若しくは著しく低い価額でその会社に利益を受けさせたようなときは、これらの価額の合計額のうち、その会社の債務超過額に相当する部分の金額については、贈与によって取得したものとは取り扱わないこととされています。

(例) 甲会社（同族会社、資本金1,000万円）は、工場の敷地として同社の重役Aから時価5,000万円の宅地を800万円で譲り受けた。

この場合、宅地を譲り受ける前の甲会社の株式の価額が1株当たり200円であったとします。また、宅地を時価にくらべて著しく低い価額で譲り受けた結果、甲会社の株式の価額が410円になったとします。この場合に、株主はAから1株につき210円の贈与を受けたこととなります。したがって、株主Bが3万株もっているとすれば、株主Bは、Aから210円×3万株＝630万円の贈与を受けたこととなります。

② 同族会社の募集株式引受権

同族会社が新株の発行（これには同族会社の有する自己株式の処分も含みます。）をする場合において、この新株に係る引受権（募集株式引受権）の全部又は一部が会社法第206条各号に掲げる者のうち、同族会社の株主の親族やその親族と特別の関係がある者に与えられ、募集株式引受権に基づき新株を取得したときは、原則として、株主の親族やその親族と特別の関係がある者が、募集株式引受権を株主から贈与によって取得したものとされます（相通9－4）。

ただし、その募集株式引受権が給与所得又は退職所得として所得税の課税の対象となる場合は除かれます。

なお、合同会社や合資会社の増資についても、同様に取り扱われます。

ところで、上記の場合に、だれからどれだけの数の募集株式引受権の贈与があったものとするのかが問題となりますが、これについては、次の算式によって計算することとなります。この場合において、その者の親族等が2人以上あるときには、親族等の1人ごとに計算します（相通9－5）。

$$A \times \frac{C}{B} = \text{その者の親族等から贈与を受けたものとする募集株式引受権の数}$$

A：他の株主と同じ条件により割当てを受ける募集株式引受権の数を超える割当てを受けた者の、その超える部分の募集株式引受権の数

B：その法人の株主が他の株主と同じ条件により割当てを受ける募集株式引受権のうち、その者の取得した新株の数が、割当てを受ける募集株式引受権の数に満たない数の総数

C：Bの募集株式引受権の総数のうち、Aに掲げる者の親族等（親族等が２人以上あるときは、その親族等の１人ごと）の占めているものの数

増資比率に対応した募集株式引受権の増減を次のような表で整理すると分かりやすくなります。

株　主	①増資前の所有株式数	②増資比率による株数	③引き受けた新株数	④ 増減（③－②）	
				増（A）	減（C）
甲	50,000	50,000	10,000		40,000
乙	30,000	30,000	50,000	20,000	
丙				30,000	
戊	15,000	15,000	5,000		10,000
計	100,000	100,000	100,000	50,000	50,000（B）

また、募集株式引受権の評価は次のとおりです。

$$\frac{\text{財産評価基本通達の価額} + \text{割当株式１株当たりの払込金額} \times \text{１株当たりの割当株式数}}{\text{1株＋1株当たりの割当株式数}} - \text{割当株式1株当たりの払込金額}$$

③　婚姻の取消又は離婚により財産を取得した場合

民法の規定に基づき、婚姻の取消又は離婚による財産の分与を受けた財産は、贈与により取得した財産とはなりませんが、次の（ⅰ）又は（ⅱ）のような場合には、たとえ名目上は財産の分与を受けたものであっても、その財産は贈与により取得した財産として取り扱われます（相通9－8）。

（ⅰ）　財産の分与として取得した財産の額が、婚姻中の夫婦の協力によって得た財産の額その他一切の事情を考慮してもなお過当であると認められる場合――その過当であると認められる部分

（ⅱ）　離婚を手段として贈与税や相続税を免れようとするものであると認められる場合――その離婚により取得した財産

④　無利子の金銭貸与等

夫と妻、親と子、祖父母と孫などというような特別な関係がある者の間では、無利子で金銭を貸したり、無償で土地や家屋を貸したりすることがよく見受けられますが、このような場合には、通常ならば、借りた者が地代や家賃又は利子を支払うべきところ、これを支払っていないとすれば、借りた者はそれに相当する金額の利益を受けることになります。そこで、このような場合には、原則として、その利益を受けた金額は贈与されたものとして取り扱われます（相通9－10）。

ただし、その利益を受ける金額が少額であって課税上弊害がないと認められる場合には、課税の対象とはなりません。

注　土地の使用貸借については「⑧　使用貸借にかかる土地についての取扱い」を参照してください。

⑤　財産の名義変更

不動産や株式等の名義変更があった場合で、当事者間に対価の支払が行われていないとき、又は他人の名義で新たにこれらの財産を取得した

場合には、原則として、名義人となった者がその財産を贈与により取得したものとされます（相通9－9）。

したがって、例えば、親が持っている土地や家屋を無償で子供の名義に変更したり、新たに買った土地や家屋を子供の名義で登記したりした場合は、いずれもその土地や家屋は親から子供に贈与したものとされます。

贈与したものとするのは、一般的に、財産は名義人がその真実の所有者、つまり外観と実質が一致するのが通常であるといえるからです。

⑥　負担付贈与があった場合

負担付贈与があった場合には、贈与された財産の価額から、負担額を差引いた価額に相当する財産の贈与があったものとされます（相通9－11）。

また、その負担額が第三者の利益となるようなときには、その第三者が、その負担額に相当する金額を贈与によって取得したものとして取り扱われます。

さらに、その負担額が、停止条件付のものであるときには、その条件が成就したときに、その負担額に相当する金額を贈与によって取得したものとされます。

（例）　子は、父から時価1,500万円のマンションの贈与を受けましたが、同時にこのマンションの住宅ローンの未返済分500万円を引き受けることとなりました。

子が贈与を受けた額　1,500万円－500万円＝1,000万円

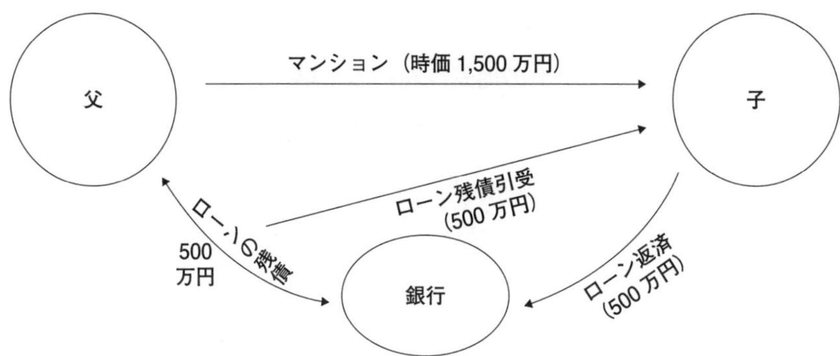

注　**土地及び土地の上に存する権利並びに家屋及びその附属設備又は構築物のうち、負担付贈与又は個人間の対価を伴う取引により取得したものの価額は、その取得時における通常の取引価額に相当する金額によって評価されます。**

⑦　共有持分の放棄

共有に属する財産の共有者の１人が、その持分を放棄（相続の放棄の場合は除かれます。）した場合には、その者に係る持分は、他の共有者が持分に応じ贈与によって取得したものとして取り扱われます（相通９－12）。

⑧　使用貸借にかかる土地についての取扱い

親の土地に子が家を建てるような場合の、個人間で建物や構築物の所有を目的とする土地の使用貸借があった場合については、贈与税の取扱いは次のようになります。

この場合の使用貸借とは、民法第593条に規定する契約のことをいいますから、その土地の借受けについて、地代や権利金などの授受のないものをいいます。ただし、借り受けた土地の公租公課に相当する額以下の金額の授受があるものも、これに該当します。

《個別通達》

「使用貸借に係る土地についての相続税及び贈与税の取扱いについて」

イ　使用貸借による土地の借受けがあった場合

建物や構築物の所有を目的として、使用貸借による土地の借受けがあった場合は、その土地の使用貸借にかかる使用権の価額は「０」として取り扱われます。

したがって、親の土地に子が家を建てるようなとき、その土地の使用借権に対しては贈与税はかかりません。

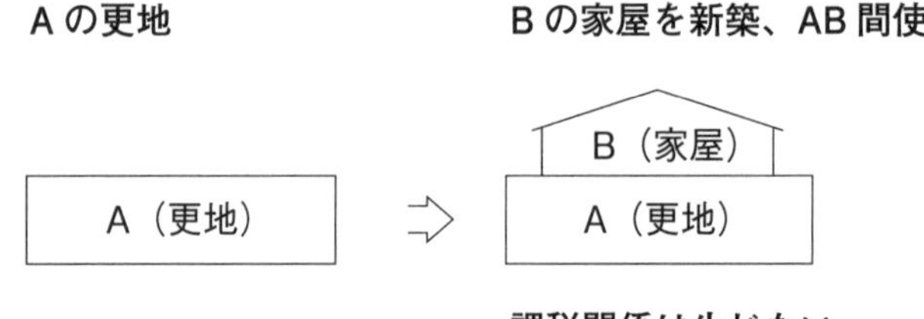

ロ　使用貸借による借地権の転借があった場合

借地権を持っている人から、その借地権の目的となっている土地を使用貸借によって借り受け、その土地に建物等を建築した場合、その借地権の使用貸借にかかる使用借権の価額は「０」として取り扱われます。

これは、親が他人から借りている土地に子が家を建てるような場合です。

借地権の目的となっている土地の上にある建物等を取得し、その借地権者からその建物等の敷地を使用貸借により借り受けることとなった場合も、同様にその使用権の価額は「０」として取り扱われます。

これらの取扱いの適用を受けるためには、使用貸借による借受者、借地権者及び土地所有者の連名による、「借地権の使用貸借に関する確認書」を、税務署に提出する必要があります。

AB 間は賃貸借

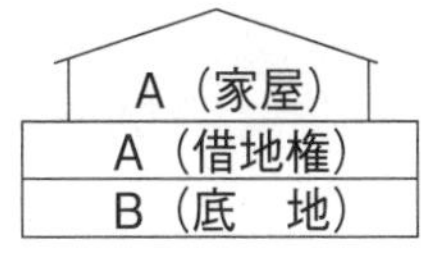

A の家屋をとりこわし、C が新築又は C に家屋を贈与
AC 間使用貸借、AB 間賃貸借

Aの借地権者としての地位に変更がない旨が「確認書」で確認できれば、C に借地権課税はされない。

(注)　Aの借地権者としての地位に変更がある場合は、Cに対して転貸借地権又は借地権の贈与として課税

ハ　使用貸借にかかる土地等の贈与を受けた場合

使用貸借にかかる土地や借地権の贈与を受けた場合の贈与税の課税価額は、その土地や借地権の上にある建物等が自用であるか貸付であるかにかかわらず、すべてその土地や借地権は自用の価額となります。

ニ　使用貸借にかかる土地等の上にある建物等の贈与を受けた場合

使用貸借にかかる土地の上にある建物等や使用貸借にかかる借地権の目的となっている土地の上にある建物等の贈与を受けた場合、

その贈与税の課税価額は、その建物の使用区分に応じて、それぞれの建物が自用又は貸付のものであるとした場合の価額となります。

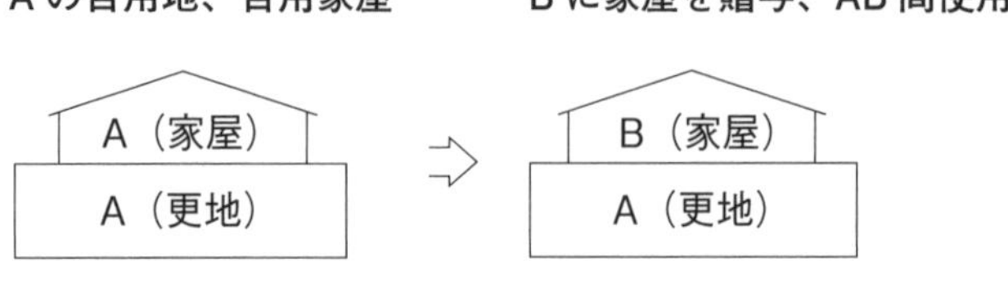

課税関係は生じない

ホ　借地権の目的となっている土地をその借地権者以外の者が取得し、地代の授受が行われないこととなった場合

借地権の目的となっている土地を、その借地権者以外の者が取得し、その土地の取得者と借地権者との間に、土地使用の対価としての地代の授受が行われないこととなった場合は、土地の取得者は、その借地権者からその土地に係る借地権の贈与を受けたものとされます。

ただし、その土地使用の対価としての地代の授受が行われないこととなった理由が、使用貸借に基づくものでないとして、土地取得者から「借地権者の地位に変更がない旨の申出書」が税務署に提出された場合は、借地権の贈与とはなりません。

ヘ　土地の無償借受け時に借地権相当額の課税が行われている場合の経過的取扱い

建物等の所有を目的として無償で土地の借受けがあったときに、土地の所有者から借地権相当額の利益を受けたものとして贈与税が課税されているもの、又は無償で借り受けている土地の上にある建物等を相続や贈与により取得したときにその土地にかかる借地権に相当する使用権を取得したものとして相続税や贈与税が課税されているものについて、今後、相続や贈与があったときの課税関係は、次のようになります。

(イ) その建物等を相続又は贈与により取得した場合

その建物等の使用区分に応じ、その建物等が自用又は貸付のものであるとした場合の価額となります。したがって、その建物等の敷地となっている土地にかかる借地権の価額は含まないことになります。

(ロ) その土地を相続又は贈与により取得した場合

その土地の相続や贈与で取得する前に、その土地の上にある建物等の所有者が異動している場合で、そのときに借地権相当額の課税が行われていないときは、その土地が自用のものであるとした場合の価額となります。また、建物等が異動したときに借地権相当額の課税が行われているときは、その土地の価額から借地権相当額を差し引いた価額となります。

3　信託に関する特例

財産を信託するときには、信託契約により委託者が受益者（その信託から生ずる利益を受ける者）を指定することになっていますが、この受益者が委託者以外の者であるときは、その信託行為があった時に、受益者がその信託の受益権（その信託の利益を受ける権利）をその委託者から贈与によって取得したものとみなされます（法9の2①）。

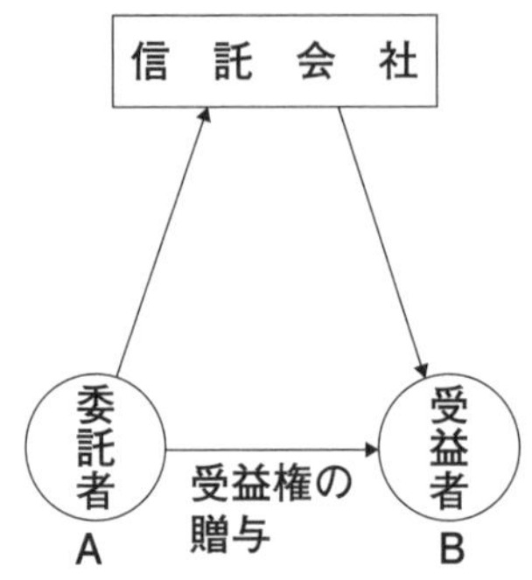

なお、この場合の受益者が、信託の利益の一部についての受益者であっても、その受益権のうちその利益に相当する部分が贈与によって取得したものとみなされます。

注　1　信託とは、一定の目的に従って他人に自分の財産の管理又は処分をさせるため、その者に財産を移転することをいいます。

2　受益権には、その信託財産から生ずる利益を受ける「収益の受益権」と信託期間の満了により信託財産の元本を受ける「元本の受益権」とがありますが、このいずれをも含みます。

3　この場合、退職年金の支給を目的とする次の信託は除かれます（令1の6）。

⑴　確定給付企業年金法第65条第3項に規定する資産管理運用契約に係る信託

⑵　確定拠出年金法第8条第2項に規定する資産管理契約に係る信託

⑶　法人税法附則第20条第3項に規定する適格退職年金契約その他退職給付金に関する信託

⑷　⑴から⑶以外の退職給付金に関する信託で、その委託者の使用人（法人の役員を含みます。）やその遺族をその信託の受益者とするもの

受益者の変更等（法9の2②）、受益者の一部不存在（法9の2③）、信託の修了（法9の2④）、それぞれの事由が生じたときに、その受益者となった者が、その信託の受益権を、贈与によって取得したものとみなされます。

また、受益者が特定していない又は存在していない信託について、受益者が特定し又は存在するに至った場合で、この受益者と受託者あるいは前受益者とか親族であるときに贈与により取得したものとみなされ贈与税が課されます（法9の5）。

4 贈与税の非課税財産

〔ポイント〕

1．個人が法人から財産をもらった場合には贈与税ではなく所得税（一時所得）が課税されます。
2．夫婦や親子のような親族の間では、生活費や教育費にあてるために財産の贈与があった場合においても、通常必要と認められる範囲内であれば、贈与税は課税されません。
3．香典や見舞金は、社会通念上相当と認められるものについては、贈与税は課税されません。

贈与税は、贈与により取得したすべての財産に対して課税することを建前としていますが、財産の性質や社会常識、公益的配慮などから、贈与によって取得した場合でも、贈与税が課税されない財産があります（法21の３）。

このような財産を、贈与税の非課税財産といいますが、これには、次のようなものがあります。

1 法人から贈与を受けた財産

贈与税は、相続税の補完税としての役割をもっていますから、個人が個人から贈与を受けた財産に対してのみ課税されます。したがって、法人からの贈与については、贈与税は課税されません（法21の３①Ｉ）。

注　財産を無償取得したことはそれだけ経済的利益があったことになりますから、それによる所得は一時所得などとして所得税がかかります（所法34①、所通34－１）。

2　扶養義務者相互間における生活費や教育費

夫婦や親子、兄弟姉妹というような一定の範囲の親族の間では、相互に扶養する義務があります（民法877）。そこで、このような扶養義務者相互の間で、生活費や教育費にあてるために財産の贈与があった場合には、そのもらった財産が生活費や教育費として通常必要と認められる範囲のものであれば、その財産に対しては贈与税は課税されません（法21の3①Ⅱ）。

注　生活費や教育費としてもらった財産で贈与税が非課税となる財産は、生活費や教育費として必要な都度、直接これらの用に充てるためにもらった財産に限られます。

【生活費の範囲】

その人の社会的、経済的地位その他から判断して通常の日常生活を営むのに必要な費用（教育費は除かれます。）をいいます。治療費や養育費その他これらに準ずるものも、生活費に含まれますが、保険金や損害賠償金で補てんされる部分の金額は除かれます。

【教育費の範囲】

被扶養者の教育上、通常必要と認められる学費、教材費、文具費などをいい、これらの費用は義務教育費に限りません。

【扶養義務者】

配偶者並びに直系血族及び兄弟姉妹並びに家庭裁判所の審判を受けて扶養義務者となった三親等内の親族をいいますが、そのほか三親等内の親族で生計を一にする人については家庭裁判所の審判がない場合であっても、これらにあてはまるものとして取り扱われています。

3　公益事業用財産

宗教、慈善、学術その他公益を目的とする事業を行う者で、一定のものが贈与により取得した財産で、その公益を目的とする事業の用に供することが確実なものについては、贈与税はかかりません（法21の3①Ⅲ）。

注　公益事業を行う者とは、もっぱら
① 社会福祉法による社会福祉事業、
② 更生保護事業法による更生保護事業、
③ 学校教育法第1条に定める学校を設置し運営する事業、
④ その他の宗教、慈善、学術その他公益を目的とする事業で、その事業活動により文化の向上、社会福祉への貢献その他の公益の増進に寄与するところが著しいと認められる高度の公益事業を行う者をいいます(令4の5)。

4　特定公益信託から交付される金品

所得税法第78条第3項（特定寄付金）に規定する特定公益信託で学術に関する顕著な貢献を表彰するものとして若しくは顕著な価値がある学術に関する研究を奨励するものとして財務大臣の指定するものから交付される金品で財務大臣の指定するもの又は学生若しくは生徒に対する学資の支給を行うことを目的とする特定公益信託から交付される金品については、贈与税は課税されません（法21の3①Ⅳ）。

5　心身障害者共済制度に基づく給付金の受給権

地方公共団体が条例により実施する心身障害者共済制度に基づいて支給される給付金を受ける権利を取得した場合には、その受給権の価額は贈与税の課税価格の計算に算入されません（法21の3①Ⅴ）。

6 選挙運動に関し、贈与を受けた金品

衆議院議員、参議院議員、都道府県知事など公職選挙法の適用を受ける公職の候補者が、選挙運動に関し、贈与を受けた金銭、物品その他の財産上の利益で、公職選挙法の規定により、報告がなされているものについては、贈与税は課税されません（法21の3①Ⅵ）。

7 相続開始の年に被相続人から贈与を受けた財産

相続があった年に被相続人から贈与を受けた財産については、原則として贈与税を課税しないで、その財産の価額を相続税の課税価格に加算し相続税の対象となります（法21の2④、21の15①、21の16①、28④）。

なお、相続があった年に被相続人である贈与者から贈与により財産を取得した場合でも、その被相続人から相続又は遺贈により財産を取得しない場合には、通常の例により、その財産（相続時精算課税適用財産を除きます。）については贈与税がかかることになります。

注　その贈与について贈与税の配偶者控除の適用を受ける場合、一定の要件を満たしているときは、相続税の課税価格に加算しないこととなっていますが、この場合には贈与税の申告が必要です。

8 社交上の香典や贈答品など

個人から受ける香典、花輪代、年末年始の贈答、祝物又は見舞などのための金品で、法律上は贈与にあてはまるものであっても、社交上の必要によるもので贈与者と受贈者の両者の関係に照らして社会通念上相当と認められるものについては、贈与税は課税されません（相通21の3－9）。

9　婚姻の取消又は離婚により財産を取得した場合

民法の規定に基づき、婚姻の取消又は離婚による財産の分与を受けた財産は、贈与により取得した財産とはなりません（相通9－8）。

しかし、特定の場合には、たとえ名目上は財産の分与を受けたものであっても、その財産は贈与により取得した財産として取り扱われます（155頁参照）。

10　財産の名義変更

不動産や株式等の名義変更があった場合で、当事者間に対価の支払が行われていないとき、又は他人の名義で新たにこれらの財産を取得した場合には、原則として、名義人となった者がその財産を贈与により取得したものとされます（相通9－9）。

したがって、例えば、親が持っている土地や家屋を無償で子供の名義に変更したり、新たに買った土地や家屋を子供の名義で登記したりした場合は、いずれもその土地や家屋は親から子供に贈与したものとされます。

贈与したものとするのは、一般的に、財産は名義人がその真実の所有者、つまり外観と実質が一致するのが通常であるといえるからです。

しかし、財産の名義変更や他人名義による財産の取得が行われた場合であっても、それが贈与の意思に基づくものではなく、他のやむを得ない理由に基づいて行われている場合、又は、軽率な名義変更や、名義人となっている者が単に名義を使用されたにすぎない等の一定の要件に該当する場合には、その財産の名義を元の所有者や本来の所有者に戻すことなどを条件に、その財産の贈与はなかったものとして取り扱われます。

そこで、次のような場合は、その財産についての最初の贈与税の申告や決定又は更正の日前に、その財産を本来の取得者の名義又は元の所有者の名義に直した場合には、その財産の贈与はなかったものとして取り扱われます。

《個別通達》

「名義変更等が行われた後にその取消し等があった場合の贈与税の取扱いについて」

イ　他人名義による財産の取得が贈与の意思に基づくものでない場合

これは、他人の名義で不動産や有価証券などを取得し、登記や登録が行われているが、その名義人となった者が、その名義人となっている事実を知らず、かつ、その財産を使用収益していなかったり、又は管理運用していない事実が認められる場合、つまり、他人名義による財産の取得が贈与の意思に基づくものでない場合です。

しかし、名義人となった者がその事実を知らなかったということの確認は非常にむずかしいことですから、取扱いでは、名義人となった者が外国旅行中であった場合や、その財産の登記済証や登録済証を保有していない場合など、当時の状況などから客観的にその事実が確認できる場合に限られています。また、名義人となった者が未成年者のときは、その法定代理人がその事実を知っていれば、名義人もその事実を知っていたものとして取り扱われます。

ロ　誤って、又は軽率に他人の名義とした場合

これは、深い法律知識がないまま、共有として登記すべきものを単独名義で登記した場合、また、買った株式の名義を軽率に妻の名義にした場合など、誤って、又は軽率に不動産や有価証券などの名義変更をしたり、他人の名義で登記や登録をしたような場合です。

しかし、この場合も、誤って、又は軽率にされたということが、財産の取得者などの年齢、社会的地位その他により確認できることが必要とされています。

ハ　法令等により取得者の名義とすることができないため他人名義とした場合

これは、他人の名義で不動産や有価証券を取得し、登記や登録がされたことや、これらの財産について名義変更が行われたことが、法令等に基づく所有の制限その他これに準ずる真にやむを得ない理由に基づき名義を借用した場合で、その事実が確認できる場合に限り、これらの財産については、贈与がなかったものとして取り扱われます。

ニ　贈与契約の取消等があった場合

贈与契約が取り消され、又は解除されるという場合には、法律による法定取消権又は法定解除権に基づいて取り消され、又は解除されるという場合のほかに、当事者の合意に基づいて取り消され、又は解除されるという場合もありますが、これについては次のように贈与がなかったものとして取り扱われます。

(a)　法定取消権等に基づいて贈与の取消等があった場合

贈与契約が法定取消権又は法定解除権に基づいて取り消され、又は解除され、その旨の申出があったときは、その贈与はなかったものとして取り扱われます。ただ、この場合においても、その取り消され、又は解除されたことがその財産の名義を元の所有者の名義に変更したことなどにより確認できる場合に限られます。

なお、この取消しや解除が贈与税の申告又は決定や更正後にあった場合には、その取消しや解除の日から2か月以内にその贈与税について更正の請求等をすることができることになります。

(b)　当事者の合意解除により贈与の取消があった場合

贈与契約が当事者の合意によって、贈与契約が取り消され、又は解除された場合であっても、その贈与契約による財産については贈与税が課税されます。

5 相続時精算課税

〔ポイント〕

1. 贈与の年の1月1日において60歳以上の親（祖父母）から1月1日において18歳以上の子供（孫）が、贈与により財産を取得した場合に、
2. 贈与を受けた子供が、暦年課税方式（非課税枠110万円、10%～55%の累進税率により計算）に代えて、贈与時に贈与税（110万円の基礎控除後に特別控除額（累積で2,500万円）を控除して一律20%の税率により計算）を納め、
3. この贈与者が死亡した際の相続税の計算において、その贈与時の財産をこの贈与者の相続財産に加えて計算した相続税額から、既に納めた贈与税相当額を控除することで完結する制度です。

相続時精算課税制度の創設の趣旨は次のとおりです。

贈与税については、相続税の補完税として生前における贈与を通じた相続税の課税回避を防止するという機能を持っています。

そこで、贈与税は、一生に一度課税される相続税と比べて暦年に分割できることから、基礎控除、税率の累進度などが相続税と比べると、控除は小さく、税率の累進度は急となっていました。

このことから、親から子への資産移転に係る税負担については、生前贈与を毎年計画的に行う他は、一般的に生前に贈与する方が相続により

移転させる方よりも税負担が重く、生前に贈与することに対して禁止的に作用していました。

しかしながら、

(1) 高齢化の進展に伴い、相続による次世代への資産移転の時期が従来よりも大幅に遅れてきていること。

(2) 高齢者の保有する資産の有効活用を通じて経済社会の活性化にも資するといった社会的要請などを踏まえて、将来において相続関係に入る一定の親子間の資産移転について、生前における贈与と相続との間で、資産の移転時期の選択に対する課税の中立性を確保することにより、生前における贈与による資産の移転の円滑化に資すること

を目的として、平成15年度税制改正において創設された制度です。

1 要件

① 贈与者

贈与をした年の1月1日において60歳以上の者（法21の9①、措法70の2の6①）。

② 受贈者

贈与者の推定相続人である直系卑属（一般的には、贈与者の子供や孫）のうち、贈与を受けた年の1月1日において18歳以上である者（法21の9①、措法70の2の6①）。

注 贈与者の配偶者は推定相続人ではありますが、直系卑属ではないので相続時精算課税に係る受贈者となることはできません（法21の9①）。

2 手続

この相続時精算課税制度は、暦年課税方式の適用を受けることに代えて、受贈者が選択することで受けることができるものですから、贈与を受けた財産に係る贈与税の申告期間内に贈与者ごとに相続時精算課税選択届出書を作成し、贈与税の申告書に添付して、贈与税の納税地の所轄税務署長に提出しなければなりません（法21の9②、令5①、規10）。

	添　付　書　類
1	受贈者の戸籍謄本又は抄本その他の書類で、次の内容を証する書類 ①　受贈者の氏名、生年月日 ②　受贈者が贈与者の推定相続人であること
2	受贈者の戸籍の附票の写しその他の書類で、受贈者が20歳に達した時以後の住所又は居所を証する書類（受贈者の平成15年1月1日以後の住所又は居所を証する書類でも差し支えありません。）
3	贈与者の住民票の写しその他の書類（贈与者の戸籍の附票の写しなど）で、次の内容を証する書類 ①　贈与者の氏名、生年月日 ②　贈与者が60歳に達した時以後の住所又は居所（贈与者の平成15年1月1日以後の住所又は居所を証する書類でも差し支えありません。）

注　この相続時精算課税選択届出書は、相続時精算課税を選択する際に一度提出すれば、その後に贈与を受けた時に提出する必要はありませんが、その選択を撤回することはできません。

3 課税価格の計算

特定贈与者ごとにその年の1月1日から12月31日までの間に贈与を受けた財産の価額を合計したそれぞれの合計額が、課税価格となります（法21の10）。

なお、非課税財産の価額は、この課税価格に算入されません（法21の3）。

①　相続時精算課税適用者が居住無制限納税義務者と非居住無制限納税義務者の場合

その年中に特定贈与者から贈与を受けたすべての財産の価額の合計額が課税価格となります（法21の２①）。

② 相続時精算課税適用者が制限納税義務者の場合

その年中に特定贈与者から贈与を受けた財産のうち日本国内にある財産の価額の合計額が課税価格となります（法21の２②）。

4 相続時精算課税に係る贈与税の基礎控除

相続時精算課税適用者がその年中において特定贈与者からの贈与により取得した財産に係るその年分の贈与税は、贈与税の課税価格から110万円を控除することができます。

なお、特定贈与者が２人以上ある場合における特定贈与者から贈与により取得した財産に係る課税価格から控除する金額は、次により計算した金額となります（法21の11の２、令５の２）。

$$110万円 \times \frac{特定贈与者の課税価格}{各特定贈与者の課税価格合計額}$$

注　令和６年１月１日以後に贈与により取得する財産に係る贈与税について適用されます。

5 相続時精算課税に係る贈与税の特別控除

特定贈与者ごとの相続時精算課税に係る贈与税の課税価格（前記４の基礎控除後の金額）からそれぞれ次に掲げる金額のうちいずれか低い金額を控除することができます（法21の12①）。

① 2,500万円（既にこの相続時精算課税に係る特別控除により控除した金額がある場合には、その金額の合計額を控除した残額）

② 特定贈与者ごとの相続時精算課税に係る贈与税の課税価格

なお、この相続時精算課税に係る贈与税の特別控除は、贈与税の期限内申告書に控除を受ける金額等一定の事項の記載がある場合に限り、適用されることとなっています（法21の12②、規12）。

6　贈与税額の計算

特定贈与者ごとに上記３により計算した相続時精算課税に係る贈与税の課税価格（上記４、５の相続時精算課税に係る贈与税の基礎控除・特別控除の適用がある場合には、相続時精算課税に係る贈与税の基礎控除・特別控除額を控除した金額）にそれぞれ20％の税率を乗じて計算します（法21の13）。

6 贈与税の税額の計算

〔ポイント〕

1．贈与税の課税方式には、暦年課税と相続時精算課税があります。

2．暦年課税の場合は、１年間に贈与を受けた財産の価額が110万円（基礎控除額）を超えると、贈与税がかかります。

3．相続時精算課税の適用を選択した場合には、相続時精算課税に係る基礎控除額（110万円）及び特別控除額（最高2,500万円）を控除した後の課税価格に20％の税率を適用して贈与税額を計算します。

贈与税の課税方式には暦年課税方式と相続時精算課税方式があり、贈与を受けた者がその年の１月１日から12月31日までに贈与を受けた財産について、それぞれの方式に区分して計算し、その合計額がその者の贈与税額となります。

1 暦年課税分の贈与税額の計算

（1） 課税価格の計算

暦年課税分の贈与税は、その年の１月１日から12月31日までの間に贈与を受けた財産の価額の合計額に対してかかります。この１年間に贈与を受けた財産の価額の合計額のことを課税価格といい、贈与税の税額を計算する際には、まず、課税価格を計算しなければなりません。

なお、非課税財産の価額はこの課税価額に算入されません（法21の３）。

また、個々の財産の価額は、その財産の贈与があった時の時価によりますが（法22）、実務上は地上権など特定の財産以外は、国税庁長官が定める財産評価基本通達によって評価した価額によります。

① 一般の場合

イ 居住無制限納税義務者と非居住無制限納税義務者の場合には、その年中に贈与を受けたすべての財産の価額の合計額が課税価格となります（法21の２①）。

ロ 制限納税義務者の場合には、その年中に贈与を受けた財産のうち、日本国内にある財産の価額の合計額が課税価格となります（法21の２②）。

② 納税者が人格のない社団や財団又は公益法人の場合

人格のない社団や財団又は公益法人に対しても贈与税が課税される場合がありますが、この場合、贈与した者が２人以上であっても、贈与税の計算は、個人の納税者の場合のように贈与を受けた財産の価額の合計額を課税価格としないで、贈与者の異なるごとに、各贈与者１人だけから贈与を受けたものとみなして、それぞれ別々に課税価格を計算します（法66）。

(例) 同窓会などがＡから200万円、Ｂから300万円の贈与を受けた場合

課税価格の計算

Ａからの贈与分…200万円
Ｂからの贈与分…300万円
→ それぞれを課税価格として計算

注 次のようには計算しません。

Ａ贈与分　Ｂ贈与分
200万円＋300万円＝500万円

（2） 贈与税の基礎控除

暦年課税の贈与税は、前記(1)の課税価格から110万円の基礎控除額を差し引いた額に対してかかります（法21の5、措70の2の4）。

この基礎控除は、贈与税の申告書の提出の有無に関係なく認められます。したがって、1年間に贈与を受けた財産の価額の合計額が110万円以下であれば、基礎控除後の課税価格がなくなりますから、贈与税はかからず、申告をする必要もありません。

また、納税者が人格のない社団や財団などの場合は、各贈与者から贈与を受けた財産の価額がそれぞれ110万円以下であれば、贈与を受けた財産の合計額が大きくなっても、それぞれの基礎控除後の課税価格がありませんからやはり贈与税はかかりません（法66①）。

（3） 贈与税額の計算

暦年課税分の贈与税の税額は、基礎控除及び配偶者控除を差し引いた後の課税価格に税率を乗じて計算します（法21の7、措法70の2の5）。

具体的には、直系尊属（父母や祖父母）からの贈与により財産を取得した受贈者（財産の贈与を受けた年の1月1日において18歳以上の者に限ります。）については、「特例税率」を適用して税額を計算します。

この特例税率の適用がある財産のことを「特例贈与財産」といいます。また、特例税率の適用がない財産（「一般税率」を適用する財産）のことを「一般贈与財産」といいます。

贈与税の速算表

特例贈与財産の特例税率

課税価格	税率	控除額（千円）	課税価格	税率	控除額（千円）
2,000千円以下	10%	—	15,000千円以下	40%	1,900
4,000千円以下	15%	100	30,000千円以下	45%	2,650
6,000千円以下	20%	300	45,000千円以下	50%	4,150
10,000千円以下	30%	900	45,000千円超	55%	6,400

一般贈与財産の一般税率

課税価格	税率	控除額（千円）	課税価格	税率	控除額（千円）
2,000千円以下	10%	—	10,000千円以下	40%	1,250
3,000千円以下	15%	100	15,000千円以下	45%	1,750
4,000千円以下	20%	250	30,000千円以下	50%	2,500
6,000千円以下	30%	650	30,000千円超	55%	4,000

注　本表の「課税価格」は、配偶者控除及び基礎控除を行った後の金額です。

●特例贈与財産のみの場合

（速算表の使い方）

課税価格×税率－控除額＝税額

（例１）　現金600万円の贈与を受けた場合

（もらった財産の価額）（基礎控除額）（課税価格）
600万円 － 110万円＝490万円……ａ

ａ（速算表の税率）（控除額）（税額）
490万円 ×20％－30万円＝ 68万円

（例２）　父から300万円、母から300万円の贈与を受けた場合

（もらった財産の価額）（基礎控除額）（課税価格）
（300万円＋300万円）－110万円＝490万円……ａ

a（速算表の税率）（控除額）（税額）
490万円 × 20% − 30万円＝ 68万円

●一般贈与財産のみの場合

（速算表の使い方）

課税価格×税率－控除額＝税額

（例１） 現金600万円の贈与を受けた場合

（もらった財産の価額）（基礎控除額）（課税価格）
600万円 − 110万円＝490万円……a

a（速算表の税率）（控除額）（税額）
490万円 ×30%－65万円＝ 82万円

（例２） 父から300万円、母から300万円の贈与を受けた場合

（もらった財産の価額）（基礎控除額）（課税価格）
（300万円＋300万円）－110万円＝490万円……a

a（速算表の税率）（控除額）（税額）
490万円 × 30% − 65万円＝ 82万円

●特例贈与財産と一般贈与財産がある場合

次により計算をした贈与税額の合計（イ＋ロ）になります。

$$A \times 特例税率 \times \frac{特例贈与財産の価額}{合計贈与価額} = イ$$

$$A \times 一般税率 \times \frac{一般贈与財産の価額}{合計贈与価額} = ロ$$

Ａ：贈与税の基礎控除及び贈与税の配偶者控除後の課税価格

合計贈与価額：贈与があった年中に贈与により取得した財産の合計額で、贈与税の課税価格の計算の基礎に算入されるものに限り、贈与税の配偶者控除後のもの

一般贈与財産の価額：一般贈与財産の価額で、贈与税の配偶者控除後のもの

特例贈与財産300万円　一般贈与財産300万円

A＝300万円＋300万円－110万円＝490万円

イ

$$(490万円 \times 20\% - 30万円) \times \frac{300万円}{600万円} = 34万円$$

ロ

$$(490万円 \times 30\% - 65万円) \times \frac{300万円}{600万円} = 41万円$$

イ＋ロ＝34万円＋41万円＝75万円

2　相続時精算課税分の贈与税額の計算

（1）　課税価格の計算

相続時精算課税適用者が特定贈与者から贈与を受けた財産については、特定贈与者ごとにその年の1月1日から12月31日までの間に贈与を受けた財産の価額を合計したそれぞれの合計額が、課税価格となります（法21の10）。

【計算例】

父（祖父）→3,000万円→子（孫）　特定贈与者父からの分として…3,000万円

母（祖母）→2,000万円→子（孫）　特定贈与者母からの分として…2,000万円

特定贈与者ごとに計算

（2）　相続時精算課税に係る贈与税の特別控除

相続時精算課税適用者がその年中において特定贈与者からの贈与により取得した財産に係るその年分の贈与税については、特定贈与者ごとの相続時精算課税に係る基礎控除後の贈与税の課税価格からそれぞれ次に

掲げる金額のうちいずれか低い金額を控除することができます（法21の12①）。

① 2,500万円（既にこの相続時精算課税に係る特別控除により控除した金額がある場合には、その金額の合計額を控除した残額）

② 特定贈与者ごとの相続時精算課税に係る贈与税の課税価格

【計算例】

父(祖父) →3,000万円→ 子(孫)　特定贈与者父からの分として…3,000万円−2,500万円＝500万円

母(祖母) →2,000万円→ 子(孫)　特定贈与者母からの分として…2,000万円−2,000万円＝0円

【計算例】 令和6年1月1日以後の贈与

父(祖父)　$3{,}000万円-110万円\times\frac{3{,}000万円}{3{,}000万円+2{,}000万円}-2{,}500万円=434万円$

母(祖母)　$2{,}000万円-110万円\times\frac{2{,}000万円}{3{,}000万円+2{,}000万円}-1{,}956万円=0円$

(3) 贈与税額の計算

相続時精算課税適用者がその年中において特定贈与者からの贈与により取得した財産に係るその年分の贈与税の額は、特定贈与者ごとに上記(1)により計算した相続時精算課税に係る贈与税の課税価格（上記(2)の相続時精算課税に係る贈与税の特別控除の適用がある場合には、相続時精算課税に係る贈与税の特別控除額を控除した金額）にそれぞれ20％の税率を乗じて計算します（法21の13）。

【計算例】

父(祖父) 3,000万円→ 子(孫) 特定贈与者父からの分として…(3,000万円−2,500万円)×20%=100万円

母(祖母) 2,000万円→ 子(孫) 特定贈与者母からの分として…2,500万円−2,500万円=0……0円

【計算例】令和６年１月１日以後の贈与

父（祖父） 434万円×20%＝868千円

母（祖母） ０円

3 在外財産に対する贈与税額の控除

外国にある財産を贈与により取得した場合に、その財産についてその国の法令により贈与税に相当する税がかかっていれば、その人が贈与を受けた財産全体に対する贈与額から、その外国の税額相当分を差引くという制度です（法21の８）。つまり、この控除は同一財産についての国際的な二重課税を防止するためのものです。

ただし、その控除すべき金額が、次の算式によって計算した金額を超えるときは、その超える部分の金額については控除されません（法21の８ただし書）。

$$\text{その人の贈与税額} \times \frac{\text{在外財産の価額}}{\text{その年分の贈与税の課税価格}}$$

これは、在外財産についてその国の法令によって課税された贈与税に相当する税額が高率であってわが国の税率を超える部分についての税額は、控除しないという趣旨によるものです。

7 贈与税の特例

〔ポイント〕

贈与税関係の主な特例として次のものがあります。

1. 特別障害者に対する贈与税の非課税制度（法21の４）
2. 居住用不動産を贈与した場合の贈与税の配偶者控除（法21の６）
3. 直系尊属から住宅取得等資金の贈与を受けた場合の贈与税の非課税制度（措法70の２）
4. 特定の贈与者から住宅取得等資金の贈与を受けた場合の相続時精算課税の特例（措法70の３）
5. 直系尊属から教育資金の一括贈与を受けた場合の贈与税の非課税（措法70の２の２）
6. 直系尊属から結婚・子育て資金の一括贈与を受けた場合の贈与税の非課税（措法70の２の３）
7. 農地等を贈与した場合の贈与税の納税猶予及び免除（措法70の４）
8. 個人の事業用資産についての贈与税の納税猶予及び免除（措法70の６の８）
9. 非上場株式等についての贈与税の納税猶予及び免除（措法70の７）
10. 非上場株式等についての贈与税の納税猶予及び免除の特例（措法70の７の５）
11. 医療法人の持分に係る経済的利益についての贈与税の納税

猶予及び免除（措法70の７の９）
12. 医療法人の持分についての贈与税の税額控除（措法70の７の10）
13. 個人の死亡に伴い贈与又は遺贈があったものとみなされる場合の特例（措法70の７の11）
14. 医療法人の持分の放棄があった場合の贈与税の課税の特例（措法70の７の14）

1 特別障害者が特別障害者扶養信託契約に基づいて受ける信託受益権

特別障害者を受益者とする特別障害者扶養信託契約に基づいて、特別障害者が受ける信託財産（受益権）について、その信託財産のうち6,000万円（特定障害者のうち特別障害者以外の者は3,000万円）までの部分は贈与税がかかりません（法21の４①、令４の７、令４の８、令４の９）。

この特別障害者扶養信託契約とは、個人が信託会社などと結んだ、金銭や有価証券などの財産の信託契約で、委託者以外の１人の特別障害者を信託の利益の全部の受益者とする、一定の要件を備えたものをいいます（法21の４②、令４の10、４の11）。

なお、この非課税の適用を受けようとするときは、信託の際に、その信託受益権について非課税の取扱いを受ける旨などを記載した「障害者非課税信託申告書」を、受託者の営業所等を経由して特別障害者の納税地の所轄税務署長に提出しなければなりません（法21の４①）。

注 特別障害者（令４の４②）
(1) 精神上の障害により事理を弁識する能力を欠く常況にある者又

は児童相談所、知的障害者更生相談所、精神保健福祉センター若しくは精神保健指定医の判定により重度の知的障害者とされた者

(2) 精神保健及び精神障害者福祉に関する法律（昭和25年法律第123号）第45条第2項の規定により交付を受けた精神障害者保健福祉手帳に障害等級が1級である者として記載されている者

(3) 身体障害者福祉法第15条第4項の規定により交付を受けた身体障害者手帳に身体上の障害の程度が1級又は2級である者として記載されている者

特別障害者以外の特定障害者（令4の8）

児童相談所、知的障害者更生相談所、精神保健福祉センター又は精神保健指定医の判定により中軽度の知的障害者とされた者及び精神障害者保険福祉手帳に障害等級が2級又は3級である者として記載されている精神障害者をいいます。

（適用）

新たに設けられた3,000万円の非課税措置については、平成25年4月1日以後に贈与により財産を取得した者に係る贈与税について適用されます。

2 贈与税の配偶者控除

この制度は、贈与により婚姻期間が20年以上である配偶者から居住用不動産又は金銭を取得し、この受贈者が、贈与の年の翌年3月15日までに贈与された居住用不動産をその者の居住の用に供し、かつ、その後も引き続き居住の用に供する見込みである場合又は同日までに贈与された金銭で居住用不動産を取得し、これをその者の居住の用に供し、かつ、その後も引き続き居住の用に供する見込みである場合に、その年分の贈与税について、課税価格から2,000万円まで控除できる制度です（法21の6）。

(1) 要件

イ　贈与が行われた夫婦の婚姻期間が、贈与の時に、20年以上を経過

していること。

ロ　配偶者から贈与された財産が、自分で居住するための居住用不動産（国内にあるものに限られます）か、又は、居住用不動産を取得するための金銭であること。

ハ　贈与を受けた年の翌年３月15日までに、贈与を受けた居住用不動産か、贈与を受けた金銭で取得した居住用不動産に、受贈者が実際に居住し、その後も引続いて居住する見込みであること。

注　この配偶者控除は前年以前のいずれかの年分の贈与税において、同一の配偶者から受けた贈与についてすでに配偶者控除を受けている場合には、重ねてこの控除は受けられません。

（２）　手続（法21の６③、規９）

イ　贈与税申告書を提出すること。

ロ　申告書に、配偶者控除の適用を受ける旨やその控除額の明細を記載すること。

ハ　申告書に、配偶者控除を受けようとする年の前年以前に贈与税の配偶者控除の適用を受けていない旨を記載すること。

ニ　申告書に、次の書類を添付すること。

(イ)　贈与者との婚姻期間を証明する書類として、財産の贈与を受けた日から10日を経過した日以後に作成された戸籍の謄本又は抄本及び戸籍の附票の写し。

(ロ)　居住用不動産を取得したことを証明する書類として、その不動産の登記簿の謄本又は抄本。

(ハ)　居住用不動産を居住用に使用していることを証明する書類として、居住用に使用した後に作成された住民票の写し（ただし、(イ)に掲げる戸籍の附票の写しに記載された住所が居住用不動産の所在場所である場合には、必要ありません)。

(3) 課税価格の計算

例1　居住用不動産1,800万円のみの贈与のケース

①居住用不動産の価額	②配偶者控除額	課税価格(①−②)
1,800万円	1,800万円	0円

例2　居住用不動産2,110万円のみの贈与のケース

①居住用不動産の価額	②配偶者控除額	③基礎控除額	課税価格(①−②−③)
2,110万円	2,000万円	110万円	0円

例3　居住用不動産1,800万円、上場株式500万円の贈与のケース

①居住用不動産の価額	②配偶者控除額	③上場株式の価額	④基礎控除額	課税価格(①−②+③−④)
1,800万円	1,800万円	500万円	110万円	390万円

(4) 贈与税額の計算

暦年課税分の贈与税の税額は、基礎控除及び配偶者控除を差し引いた後の課税価格に税率を乗じて計算します(法21の7)。

3 直系尊属から住宅取得等資金の贈与を受けた場合の贈与税の非課税

この非課税制度は、令和4年1月1日から令和8年12月31日までの間にその直系尊属からの贈与により住宅取得等資金の取得をした特定受贈者が、住宅取得等資金の取得をした年の翌年3月15日までにその資金の全額で既存住宅用家屋の取得などした場合において、同日までにこの住宅用家屋を特定受贈者の居住の用に供したときは、贈与により取得をした住宅取得等資金のうち住宅資金非課税限度額までの金額については、

贈与税の課税価格に算入しない特例です（措法70の２）。

（1） 要件

イ　特定受贈者であること

・居住無制限納税義務者か非居住無制限納税義務者であること

・住宅取得等資金の贈与を受けた日の属する年の１月１日において18歳以上であること

・贈与年分の所得税法第２条第１項第30号で規定する合計所得金額が2,000万円以下である者

ロ　直系尊属からの住宅取得等資金の贈与であること

ハ　住宅取得等資金の取得をした年の翌年３月15日までにその資金の全額を既存住宅用家屋の取得などに充てること

・特定受贈者による住宅用家屋の新築若しくは建築後使用されたことのない住宅用家屋の取得又はこれらの住宅用家屋の新築又は取得とともにするその敷地の用に供されている土地又は土地の上に存する権利の取得（この取得には、当該住宅用家屋の新築に先行してするその敷地の用に供されることとなる土地等の取得を含みます。）のための対価に充てること

・特定受贈者による既存住宅用家屋の取得（当該既存住宅用家屋の取得とともにするその敷地の用に供されている土地又は土地の上に存する権利の取得を含みます。）のための対価に充てること

・要耐震改修住宅用家屋を取得し、贈与の翌年３月15日までに耐震改修により要耐震改修住宅用家屋が耐震基準に適合することとなったことにつき証明がされた場合も、既存住宅用家屋の取得とみなされます。

・特定受贈者が所有している家屋につき行う増改築等（当該家屋についての当該増改築等とともにするその敷地の用に供されることとなる土地又は土地の上に存する権利の取得を含みます。）の取得の対価に充てること

ニ　適用対象となる住宅の床面積は、40㎡以上240㎡以下のものに限られます。

ホ　特定受贈者が、新築、取得、増改築した家屋を居住の用に供すること

(2) 手続

贈与税の期限内申告書にこの規定の適用を受けようとする旨を記載し、住宅取得等資金の非課税の計算明細書等の書類を添付する必要があります（措法70の2⑦）。

(3) 住宅資金非課税限度額

① 良質な住宅用家屋……… 1,000万円

② 上記以外の住宅用家屋……500万円

4 特定の贈与者から住宅取得等資金の贈与を受けた場合の相続時精算課税の特例

この特例は、平成15年1月1日から令和8年12月31日までの間にその年1月1日において60歳未満の者からの贈与により住宅取得等資金の取得をした特定受贈者が、住宅取得等資金の取得をした年の翌年3月15日までにその資金の全額を既存住宅用家屋の取得などした場合において、同日までにこの住宅用家屋を特定受贈者の居住の用に供したときは、こ

の特定受贈者については、相続税法第21条の９（相続時精算課税）の規定を準用する特例です（措法70の３）。

（1） 要件

イ　特定受贈者であること

・居住無制限納税義務者か非居住無制限納税義務者であること

・住宅取得等資金の贈与をした者の直系卑属である推定相続人（孫を含みます。）であること

・住宅取得等資金の贈与を受けた日の属する年の１月１日において18歳以上であること

ロ　その贈与の年１月１日において60歳未満の者からの住宅取得等資金の贈与であること

ハ　住宅取得等資金の取得をした年の翌年３月15日までにその資金の全額を既存住宅用家屋の取得などに充てること

・特定受贈者による住宅用家屋の新築若しくは建築後使用されたことのない住宅用家屋の取得又はこれらの住宅用家屋の新築又は取得とともにするその敷地の用に供されている土地又は土地の上に存する権利の取得（この取得には、当該住宅用家屋の新築に先行してするその敷地の用に供されることとなる土地等の取得を含みます。）のための対価に充てること

・特定受贈者による既存住宅用家屋の取得（当該既存住宅用家屋の取得とともにするその敷地の用に供されている土地又は土地の上に存する権利の取得を含みます。）のための対価に充てること

・要耐震改修住宅用家屋を取得し、贈与の翌年３月15日までに耐震改修により要耐震改修住宅用家屋が耐震基準に適合することとなった

ことにつき証明がされた場合も、既存住宅用家屋の取得とみなされます。

・特定受贈者が所有している家屋につき行う増改築等（当該家屋についての当該増改築等とともにするその敷地の用に供されることとなる土地又は土地の上に存する権利の取得を含みます。）の取得の対価に充てること

ニ　特定受贈者が、新築、取得、増改築した家屋を居住の用に供すること

(2) 手続

贈与税の申告書を所定の書類とともに申告期限内に提出する必要があります。

(3) 相続税法の適用関係

(2)の手続を行った場合は、その手続をした者は、相続時精算課税適用者と、住宅取得等資金の贈与をした者については特定贈与者とそれぞれみなして、相続税法の規定が適用されます。

5 直系尊属から教育資金の一括贈与を受けた場合の贈与税の非課税

平成25年4月1日から令和8年3月31日までの間に、受贈者（教育資金管理契約を締結する日において30歳未満の者に限られます。）が、次の場合に該当するときに、当該信託受益権、金銭又は金銭等の価額のうち1,500万円までの金額に相当する部分の価額について、贈与税の課税価格に算入しない特例です。

①　その直系尊属と信託会社との間の教育資金管理契約に基づき信託受

益権を取得した場合

② その直系尊属からの書面による贈与により取得した金銭を教育資金管理契約に基づき銀行等の営業所等において預金若しくは貯金として預入をした場合

③ 教育資金管理契約に基づきその直系尊属からの書面による贈与により取得した金銭若しくはこれに類するもの（「金銭等」といいます。）で金融商品取引業者の営業所等において有価証券を購入した場合

なお、この特例の適用を受けようとする受贈者は、教育資金非課税申告書を取扱金融機関の営業所等を経由し、信託等がされる日までに、当該受贈者の納税地の所轄税務署長に提出しなければなりません。

6 直系尊属から結婚・子育て資金の一括贈与を受けた場合の贈与税の非課税

平成27年４月１日から令和７年３月31日までの間に、受贈者（結婚・子育て資金管理契約を締結する日において18歳以上50歳未満の者に限られます。）の結婚・子育て資金の支払に充てるためにその直系尊属（「贈与者」）が金銭等を拠出し、金融機関（信託会社（信託銀行を含みます。）、銀行等及び金融商品取引業者（第一種金融商品取引業を行う者に限られます。）をいいます。）に信託等をした場合には、信託受益権の価額又は拠出された金銭等の額のうち受贈者１人につき1,000万円（結婚に際して支出する費用については300万円を限度とされます。）までの金額に相当する部分の価額については、贈与税が課されません。

上記の「結婚・子育て資金」とは、内閣総理大臣が定める次に掲げる費用に充てるための金銭をいいます。

① 結婚に際して支出する婚礼（結婚披露を含みます。）に要する費用、

住居に要する費用及び引越に要する費用のうち一定のもの

② 妊娠に要する費用、出産に要する費用、子の医療費及び子の保育料のうち一定のもの

なお受贈者は、本特例の適用を受けようとする旨等を記載した非課税申告書を、金融機関を経由し受贈者の納税地の所轄税務署長に提出する必要があります。

7 農地等を生前一括贈与した場合の贈与税の納税猶予及び免除

この特例は、農業の後継者が農地等を贈与した場合には、一定の要件のもとに、その贈与についてかかる贈与税の納税を、その農地等の贈与者の死亡の日まで猶予し、贈与者が死亡した場合には、先に贈与した農地等を相続開始時の時価で評価して相続財産に含めて相続税の課税を行い、納税猶予を受けていた贈与税額は相続開始と同時に免除するものです。

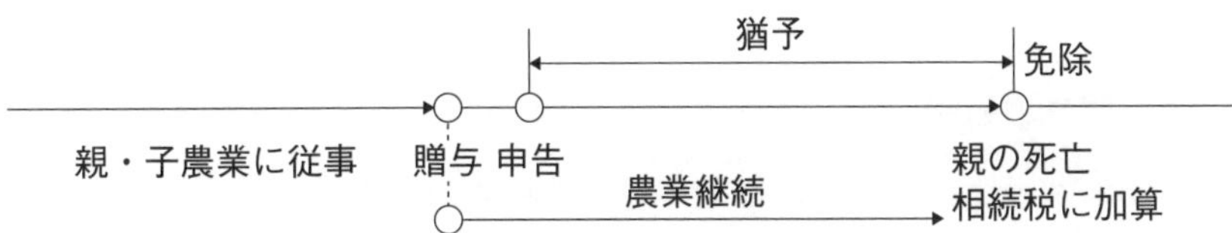

(1) 要件

この特例の適用を受けるためには、次の要件のすべてにあてはまっていなければなりません。

① 特例の対象となる農地等

対象となるのは、農地、採草放牧地、並びに農業振興地域の整備に関する法律に規定する農用地区域の準農地です（措法70の4①）。

なお、農地などの用語の意義については93頁を参照してください。

② **贈与者**

贈与者は、贈与の日まで３年以上引き続き農業経営を行っていた個人で次に掲げる場合に該当しない人であること（措令40の６①）

a　その贈与をした日の属する年の前年以前において、その農業の用に供していた農地をその者の推定相続人に対し贈与をしている場合であってその農地が相続時精算課税の適用を受けるものであるとき。

b　その農地等を贈与した年において、その贈与以外の贈与により農地及び採草放牧地並びに準農地の贈与をしている場合。

③ **受贈者**（措令40の６⑥）

a　贈与者の推定相続人のうちの１人であること。

b　贈与を受けた日において年齢が18歳以上であること。

c　贈与を受けた日まで３年以上引き続いて農業に従事していること。

d　贈与を受けた後速やかに農業経営を行うこと。

④ **贈与の範囲**

贈与財産は、贈与者の農業の用に供していた農地の全部、採草放牧地の３分の２以上の面積のもの及び準農地の３分の２以上の面積のものの一括贈与を受けること。

⑤ **担保の提供**

納税が猶予される贈与税額に相当する担保を提供すること（措法70の４①）。

(2) 納税猶予の特例の適用を受ける手続

① 申告時の手続

その贈与を受けた年の翌年の3月15日までに贈与税の申告書にその旨を記載するとともに、贈与を受けた農地等の明細に関する書類、農業委員会の証明書等その他必要な書類を添付して、納税地の所轄税務署に提出しなければなりません（措法70の4㉖）。

② 納税猶予期間中の手続

納税猶予の特例の適用を受けている間は、贈与税の申告書の提出期限から3年おきに、つまり3年毎の3月15日までに引き続いて贈与税の納税の猶予を受ける旨及び特例農地等に係る農業経営に関する事項を記載した届出書を税務署に提出しなければなりません（措法70の4㉗）。

(3) 納税猶予の適用が受けられる贈与税額の計算

① 同年中にこの特例農地等のほかに贈与を受けた財産がない場合

その贈与税の申告書の提出によって納付することとなる税額のすべてについて納税が猶予されます。

② この農地等のほかに他の財産の贈与があった場合

贈与税の申告書の提出により納付することとなる贈与税額のうち、農地等以外の他の財産についてだけ贈与があったものとして計算される贈与税額を通常の納期限までに納付し、残りの税額について納税が猶予されます（措法70の4①、措令40の6⑧）。

●18歳以上の者

(例) 父から贈与を受けた財産の価額が5,000万円（暦年課税に係る財産）で、そのうちこの特例の適用を受ける農地等の価額が4,200万

円の場合

(a) 贈与税額

課税価格　5,000万円－110万円＝4,890万円

納付税額　4,890万円×55％－640万円＝20,495千円

(b) 納期限内に納付すべき贈与税額

課税価格　(5,000万円－4,200万円) －110万円＝690万円

納付税額　690万円×30％－90万円＝1,170千円

(c) 納税が猶予される贈与税額

20,495千円－1,170千円＝19,325千円

●18歳未満の者

(例)　父から贈与を受けた財産の価額が5,000万円（暦年課税に係る財産）で、そのうちこの特例の適用を受ける農地等の価額が4,200万円の場合

(a) 贈与税額

課税価格　5,000万円－110万円＝4,890万円

納付税額　4,890万円×55％－400万円＝22,895千円

(b) 納期限内に納付すべき贈与税額

課税価格　(5,000万円－4,200万円) －110万円＝690万円

納付税額　690万円×40％－125万円＝151万円

(c) 納税が猶予される贈与税額

22,895千円－1,510千円＝21,385千円

③　その他

次に掲げる人が特定贈与者から贈与により取得した農地等について、この特例の適用を受ける場合については、この特例の適用を受ける農地等についてのみ暦年課税が適用されます（措法70の４③）。

イ　相続時精算課税適用者

ロ　この特例の適用を受けようとする年分におけるその農地等以外の贈与財産について、相続時精算課税選択届出書を提出する人

(4) 納税猶予税額の納付

① 納税猶与税額の全部を納付する場合

a　贈与により取得した農地等を譲渡、贈与、転用又は地上権、永小作権、使用貸借による権利や賃借権を設定したり、又はその取得にかかるこれらの権利の消滅若しくは遊休農地について一定の事実が生じた場合で、その譲渡等をした農地等の面積が、贈与により取得した農地等の面積の20％を超えるとき（措法70の4①一）

b　贈与により取得した農地等についての農業経営を廃止した場合（措法70の4①二）

c　受贈者が推定相続人に該当しないこととなった場合（措法70の4①三）

d　3年毎に提出すべき継続届出書を提出しない場合（措法70の4㉚）

e　税務署長の増担保又は担保の変更の命令に応じない場合…繰り上げられた納税猶予に係る期限（措法70の4㉛）

② 納税猶与税額の一部を納付する場合

a　特例の適用を受けた農地等が収用交換等により譲渡等された場合（措法70の4①）

b　特例の適用を受けた農地等について、その面積の20％以下の任意の譲渡等があった場合

c　特例の適用を受けた準農地が贈与税の申告書の提出期限後10年を経過する日において受贈者の農業の用に供されていない場合（措法70の4④）

d　特例の適用を受けた都市営農農地等について、生産緑地法第10条及び第15条第1項の規定による買取りの申出があった場合（措法70の4⑤一）

e　特例の適用を受けた農地等が都市計画法の規定に基づく都市計画の決定若しくは変更又は失効により特定市街化区域農地等に該当することとなった場合（措法70の4⑤二）

注　1　納税猶予の対象となっている受贈農地等について一定の要件を満すときは次に掲げる譲渡等があった場合には、それぞれに掲げる権利等の設定はなかったものとみなされて引き続いて納税猶予の特例の適用が受けられます。

㈠　独立行政法人農業者年金基金法の規定に基づく特例付加年金の支給を受けるために、贈与者の死亡の日より前に、受贈者の推定相続人のうち1人に対して、使用貸借による権利の設定をする場合（措法70の4⑥）

㈡　農地中間管理事業の推進に関する法律に規定する農用地利用集積等促進計画の定めるところによる貸借権等の設定に基づき貸し付けた場合（措法70の4⑧）

㈢　一時的道路用地等（道路法による道路に関する事業などのために一時的に使用する道路の施設の用地で代替性のないものとして主務大臣が認定したものをいいます。）の用に供するため地上権、貸借権又は使用貸借権の設定に基づき貸付けを行った場合（措法70の4⑱）

2　譲渡等や買取りの申出等があった場合であっても、その譲渡対価で代わりの農地等を1年以内に買い換えるときは、それについて納税地の税務署長の承認を受けた場合に限り、引き続き納税猶予の特例の適用が受けられます。また、農地の転用であっても、その転用が農業経営に必要な事務所、作業場、倉庫その他の施設又は使用人の宿舎の敷地にする場合には、引き続き納税猶予の特例を受けることができます。

(5) 納税猶予の特例の適用を受けている贈与税の免除

納税猶予の特例の適用を受けている贈与税額は、最初に述べたように農地等の贈与者が死亡したときに免除されることになります(措法70の4㉞)。

また、贈与税の納税の猶予を受けた受贈者が、贈与者よりも先に死亡した場合にも、その猶予を受けている贈与税額は免除されます（措法70の4㉞)。

8 個人の事業用資産についての贈与税の納税猶予及び免除

(1) 概要

特例事業受贈者が、平成31年1月1日から令和10年12月31日までの間に、贈与により特定事業用資産（101頁参照）を取得し、事業を継続していく場合には、担保の提供を条件に、その特例事業受贈者が納付すべき贈与税額のうち、贈与により取得した特定事業用資産の課税価格に対応する贈与税の納税が猶予されます（措法70の6の8）。

なお贈与者は、事業に係る特定事業用資産の全てを贈与する必要があります。

(2) 特例事業受贈者

主な要件は次のとおりです。

イ　18歳以上である者

ロ　承継計画（101頁参照）に記載された後継者であって、中小企業における経営の承継の円滑化に関する法律の規定による認定を受けた者

ハ　贈与の日まで3年以上特定事業用資産に係る事業に従事していた者

ニ　所得税法第229条の開業届出書を提出していること

ホ　所得税法第143条の承認を受けていること

へ　特定事業用資産に係る事業が、資産保有型事業、資産運用型事業、性風俗関連特殊営業に該当しないこと

(3) 猶予税額の免除

イ　全額免除

次の場合には、猶予税額の全額が免除されます。

(イ) 特例事業受贈者が、死亡した場合

(ロ) 贈与者が死亡した場合

(ロ) 特例事業受贈者が一定の身体障害等に該当した場合

(ハ) 贈与税の申告期限から5年経過後に、次の後継者へ特定事業用資産を贈与し、その後継者がその特定事業用資産について贈与税の納税猶予制度の適用を受ける場合

ロ　一部免除

次の場合には、猶予税額の一部を免除されます。

(イ) 同族関係者以外の者へ特定事業用資産を一括して譲渡する場合

(ロ) 民事再生計画の認可決定等があった場合　など

(4) 利子税の納付

上記（3）により、猶予税額の全部又は一部を納付する場合には、その納付税額について贈与税の法定申告期限からの利子税（年3.6%）（利子税の特例（貸出約定平均利率の年平均が0.5%の場合）を適用した場合には、年0.4%）を併せて納付しなければなりません。

(5) その他

特例事業受贈者は、贈与税の申告期限から3年毎に継続届出書を税務署長に提出しなければなりません。

また、贈与者の死亡時には、特定事業用資産（既に納付した猶予税額に対応する部分を除きます。）をその贈与者から相続等により取得したものとみなし、贈与時の時価により他の相続財産と合算して相続税を計算します。その際、都道府県の確認を受けた場合には、相続税の納税猶

予の適用を受けることができます（措法70の6の9）。

9 非上場株式等についての贈与税の納税猶予及び免除

この納税猶予の特例は、経済産業大臣の認定を受けた会社の代表権を有していた贈与者が、経営承継受贈者にこの認定会社の非上場株式等の贈与をした場合に、この贈与が一定の贈与であるときは、この贈与の日の属する年分の贈与税で贈与税の申告書の提出により納付すべき額のうち、申告書にこの特例の規定の適用を受けようとする旨の記載がある特例受贈非上場株式等に係る納税猶予分の贈与税額に相当する贈与税について、納税猶予分の担保を提供した場合に、贈与者の死亡の日までその納税を猶予する制度です（措法70の7）。

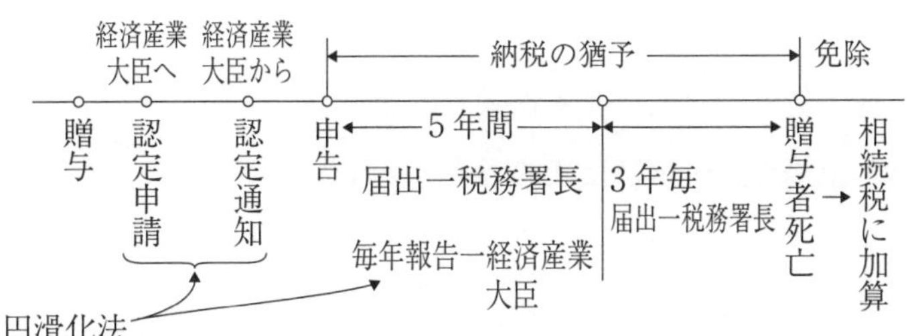

(1) 要件

イ　会社の要件

・経済産業大臣認定を受けていること

・上場会社に当たらないこと

・風俗営業会社に該当しないこと

・資産保有型会社、資産運用型会社に該当しないこと

・総収入金額が零でないこと

・従業員が原則１人以上（特別関係会社が外国会社（会社法第２条第２号）に該当する場合５人以上）であること

ロ　受贈者（後継者）の要件

・会社の代表者であること

・18歳以上であること

・役員等の就任から３年以上を経過していること

・後継者である受贈者及び受贈者と同族関係等のある者で総議決権数の50％超の議決権数を保有し、かつ、これらの者の中で最も多くの議決権数を保有することとなること

ハ　贈与者の要件

・贈与直前において、贈与者及び贈与者と同族関係等のある者で総議決権数の50％超の議決権数を保有し、かつ、後継者を除いたこれらの者の中で最も多くの議決権数を保有していたこと

ニ　贈与の要件と特例の対象となる株式等の数

贈与すべき非上場株式等の数は次のとおりです。

贈与直前における株式数を

Ａ：贈与者が有していた非上場株式等の数

Ｂ：発行済株式等の総数

Ｃ：受贈者が有していた非上場株式等の数

とした場合

● A ≧ B × $\frac{2}{3}$ − C　の場合

贈与株式数	≧	B × $\frac{2}{3}$ − C	← 特例の対象となる非上場株式等の限度数

● A ＜ B × $\frac{2}{3}$ − C　の場合

贈与株式数	＝	贈与者が贈与直前に有していた株式数	← 特例の対象となる非上場株式等の限度数

ホ　担保提供

納税が猶予される贈与税額及び利子税の額に見合う担保を提供する必要があります。

ヘ　現物出資等がある場合の適用除外

贈与前３年以内に経営承継受贈者の同族関係者からの現物出資・贈与により取得した資産の合計額が総資産に占める割合が70％以上である場合は、適用が受けられません。

(2)　手続

イ　期限内申告書の提出

・贈与税の申告書を期限内に提出

・非上場株式等の全部又は一部について特例を受ける旨を申告書に記載

・非上場株式等の明細を記載した書類の添付

・納税猶予分の贈与税の計算に関する明細等を記載した書類の添付

・担保の提供

ロ　申告後の継続届出書の提出

申告期限後の５年間は、毎年「継続届出書」を提出しなければなりません。また、この５年経過した後も３年毎に「継続届出書」を所轄税務署へ提出する必要があります。

注　経済産業大臣の認定を受けた会社は、申告期限後５年間は毎年、年次報告書を経済産業大臣へ提出する必要があります。

（３）　納税猶予税額の計算

納税猶予分の贈与税額は、特例受贈非上場株式等の価額をその年分の贈与税の課税価格とみなして贈与税を計算して求めた金額です（措法70の７②五）。

猶予税額 ＝ (特例受贈非上場株式等の価額 － 110万円) × 税率

注　特例受贈非上場株式等の価額の計算上、外国会社、医療法人に係る部分を除外あるいは控除して計算しなければならない場合があります。

（４）　猶予されている贈与税を納める必要がある場合

この場合の主な事由は次のとおりです。

イ　申告期限後５年間

・経営承継受贈者が会社の代表者でなくなった場合

・従業員数確認期間において８割の雇用が維持できなくなった場合

・特例を受けた株式の譲渡・贈与をした場合

・会社が資産保有型会社・資産運用型会社に該当した場合

・総収入金額が零となった場合

ロ　申告期限後５年経過後

・特例を受けた株式の譲渡・贈与をした場合

・会社が資産保有型会社・資産運用型会社に該当した場合

（5） 納税猶予税額の免除

次の場合に、猶予中の贈与税額に相当する金額が免除されます（措法70の7⑮）

① 贈与者の死亡以前に経営承継受贈者が死亡した場合

② 贈与者が死亡した場合

③ 経営贈与承継期間経過後に、経営承継受贈者が後継者へ特例受贈非上場株式等を贈与した場合において、その後継者が贈与税の納税猶予制度の適用を受ける場合

（6） 非上場株式等の贈与者が死亡した場合

この規定の適用を受ける経営承継受贈者の贈与者が死亡した場合には、この贈与者が死亡したことによる相続税は、経営承継受贈者がこの贈与者から相続により特例受贈非上場株式等を取得したものとみなして、相続税の課税価格の計算の基礎に算入して計算します。この特例受贈非上場株式等の価額については、贈与の時における価額を基礎として計算します（措法70の7の3）。

10 非上場株式等についての贈与税の納税猶予及び免除の特例

本件特例による主な要件緩和は次のとおりです（措法70の7の5）。

・贈与により取得した特例認定贈与承継会社の全株式が特例の対象となります。

・受贈者について最大3人まで特例の対象となります。

・承継後5年間平均80％の雇用要件を満たせない場合、認定経営革新等支援機関の意見を付した理由書を都道府県に提出することによっ

て納税猶予の期限が確定しません。

・特例認定贈与承継会社の事業の継続が困難な一定の事由が生じた場合において、特例経営贈与承継期間経過後に、特例対象受贈非上場株式等の譲渡等をしたとき、特例認定贈与承継会社が合併により消滅したとき、特例認定贈与承継会社が株式移転若しくは株式交換により株式交換完全子会社等となったとき又は特例認定贈与承継会社が解散をしたときには、一定の納税猶予税額が免除されます。

本件特例の対象となる非上場株式等の贈与は、平成30年1月1日から令和9年12月31日までの間の最初の本特例の適用に係る贈与及び特例経営贈与承継期間の末日までの間に、贈与税の申告書の提出期限が到来する贈与に限られます。

11 医療法人の持分に係る経済的利益についての贈与税の納税猶予及び免除

(1) 概要

持分の定めのある医療法人の出資者（贈与者）が持分を放棄したことにより他の出資者（受贈者）の持分の価額が増加することについて、その増加額（経済的利益）に相当する額の贈与を受けたものとみなして当該他の出資者に贈与税が課される場合において、その医療法人が認定医療法人であるときは、担保の提供を条件に、当該他の出資者が納付すべき贈与税額のうち、当該経済的利益に係る課税価格に対応する贈与税額については、認定移行計画に記載された移行期限までその納税を猶予し、移行期間内に当該他の出資者が持分の全てを放棄した場合には、猶予税額が免除されます（措法70の7の9①）。

注　認定医療法人とは、良質な医療を提供する体制の確立を図るための医療法等の一部を改正する法律に規定される移行計画について、認定制度の施行の日（平成26年10月１日）から令和８年12月31日までの間に厚生労働大臣の認定を受けた医療法人をいいます。

（２） 税額の計算

① 上記経済的利益及びそれ以外の受贈財産について通常の贈与税額を算出します。

② 上記経済的利益のみについて贈与税額を算出し、その金額を猶予税額とします。

③ 上記①の贈与税額から②の猶予税額を控除した金額が納付税額となります。

（３） 猶予税額の納付

移行期間内に持分の定めのない医療法人に移行しなかった場合又は認定の取消し、持分の払戻し等の事由が生じた場合には、猶予税額を納付しなければなりません。

また、基金拠出型医療法人に移行した場合には、持分のうち基金として拠出した部分に対応する猶予税額についても同様です。

（４） 利子税の納付

上記(3)により猶予税額の全部又は一部を納付する場合には、贈与税の申告期限からの期間に係る利子税を併せて納付しなければなりません。

12 医療法人の持分についての贈与税の税額控除

認定医療法人の持分を有する個人（贈与者）が持分の全部又は一部の放棄をしたことにより、この認定医療法人の持分を有する他の個人（受贈者）に対して贈与税が課される場合において、持分の放棄をした時から放棄による経済的利益に係る贈与税の申告期限までの間に持分の全部又は一部を放棄した場合には、放棄相当贈与税額を控除した残額が納付すべき贈与税額となります（措法70の７の10①）。

13　医療法人の持分を有する個人の死亡に伴い贈与又は遺贈があったものとみなされる場合の特例

経過措置医療法人の持分を有する個人の死亡によりこの経過措置医療法人の持分を有する他の個人の持分の価額が増加した場合の経済的利益については、贈与税が課されます（措法70の７の11①）。

ただし、この経済的利益に係る贈与税の申告書の提出期限において認定医療法人であるときは、措法70の７の５、70の７の６の適用を受けることができます。

※経過措置医療法人

施行日（平成19年４月１日）前に設立された社団たる医療法人又は施行日前に医療法第44条第１項の規定による認可の申請をし、施行日以後に設立の認可を受けた社団たる医療法人であって、その定款に残余財産の帰属すべき者に関する規定を設けていないもの及び残余財産の帰属すべき者として同条第５項に規定する者以外の者を規定しているものをいいます。

14　医療法人の持分の放棄があった場合の贈与税の課税の特例

認定医療法人の持分を有する個人が、この持分の全部又は一部の放棄をしたことにより認定医療法人が経済的利益を受けた場合であっても、認定医療法人が受けた経済的利益については、相続税法第66条第４項の規定は適用されない課税の特例です（措法70の７の14）。

注　医療法等の一部を改正する法律附則第１条に掲げる規定の施行の日から、令和８年12月31日までの間に厚生労働大臣認定を受けた医療法人に限られます。

8 贈与税の申告と納税

〔ポイント〕

1．暦年課税の場合には、１年間を通じて、個人から贈与を受けた財産の価額が110万円を超えるときは、翌年２月１日から３月15日までに贈与税の申告をしなければなりません。

2．相続時精算課税の場合には、１年間を通じて特定贈与者から財産の贈与を受けた場合には、その財産の価格にかかわらず、翌年２月１日から３月15日までに贈与税の申告をしなければなりません。

3．贈与税額が10万円を超え、納期限までに又は納付すべき日に金銭で納付することが困難な事情がある場合には、５年以内の年賦延納が認められます。

1 申告書の提出

(1) 申告書を提出しなければならない人

贈与により財産の贈与を受けた人は、次に掲げる場合にあてはまるときは、贈与を受けた財産について、その年の翌年２月１日から３月15日までに、贈与税の申告書を、住所地の所轄の税務署に提出しなければならないことになっています（法28①、通10②）。

イ 暦年課税の場合

① 一般の場合

１月１日から12月31日までの１年間を通じて個人から贈与を受け

た財産の価額の合計額が110万円を超えるとき

② 贈与により財産を取得した人が死亡した場合

次のような場合には、その者の相続人が、その相続の開始があったことを知った翌日から10か月以内に、その死亡した者の贈与税の申告書を、死亡者の住所地の所轄税務署に提出しなければなりません（法28②）。

（i） 年の中途で死亡した人が、その年の1月1日から死亡の日までの間に贈与によりもらった財産について贈与税の配偶者控除の適用がないものとした場合に納めるべき税額があるとき

（ii） 申告書を提出しなければならない人が、その申告書を提出しないで死亡したとき

ロ 相続時精算課税の場合

① 一般の場合

贈与により取得した財産が相続時精算課税の適用を受けるものであるとき

なお、上記の場合で、その特定贈与者がその贈与をした年の中途において死亡したときは、その贈与により取得した財産に係る申告は不要です。

② 贈与により財産を取得した人が死亡した場合

次のような場合には、その者の相続人が、その相続の開始があったことを知った翌日から10か月以内に、その死亡した者の贈与税の申告書を、死亡者の住所地の所轄税務署に提出しなければなりません（法28②）。

（i） 年の中途で死亡した人が、その年の1月1日から死亡の日までの間に贈与によりもらった財産について贈与税の配偶者控除

の適用がないものとした場合に納めるべき税額があるとき

(ⅱ) 申告書を提出しなければならない人が、その申告書を提出しないで死亡したとき

(2) 申告書の提出期限

贈与税の申告書は、原則として、贈与を受けた年の翌年の２月１日から３月15日（休日等の場合は翌日、休日等が連続する場合は最後の休日の翌日）までの間に、納税者の住所地の所轄の税務署に提出しなければなりません。

(3) 申告書に記載すべき事項

贈与税の申告書に記載しなければならない事項は、課税価格や税額、各贈与者別にもらった財産の種類、数量、価額、所在場所の明細などです。

(4) 申告がない場合の更正や決定

贈与税は申告納税制度を採用していますから、納税者が定められた期限までに正しい申告と納税をすれば、それによって納税の義務は果たせることになります。しかし、定められた期限までに申告をしなかったときは、税務署では、その調査に基づいて課税価格と税額を決定します。また、申告をしていても申告額に誤りがある場合には正当な税額に訂正します。このような手続をそれぞれ決定及び更正といいます。

更正や決定については､次のような一定の期間制限が定められていて、無制限にはできないことになっています。

その期間は、国税通則法第70条の規定（原則申告期限から５年）にか

かわらず、贈与税の更正や決定については、原則として申告期限から6年間とされており、申告期限から6年を経過した日以後は更正や決定をすることができないことになっています（相36①）。

ただし、偽りその他不正の行為により税を免れている場合の更正や決定については申告期限から7年を経過する日まで行うことができます（相36②）。

2　更正の請求

贈与税について申告書を提出した者の更正の請求は、法定申告期限から6年以内に限り行うことができます（法32②）。

3　税金の納付

贈与税の期限内申告書を提出した人は申告書の提出期限（この期限が同時に納期限となります。）までに、それぞれの申告書に記載された税額を国に納めなければなりません（法33）。

4　連帯納付の義務

贈与は、一般に親族等の特殊関係のある者相互間で行われることが多いだけに、贈与税の納税義務を財産をもらった人だけに限定してしまうことは、租税債権の確保上適当ではないことも考慮されることから、相続税法では財産をもらった人と贈与した人には、相互に連帯納付の責任を負わせています。

(1)　財産を贈与した人の連帯納付の責任

財産を贈与した人は、贈与を受けた人のその年分の贈与税額のうち、贈与した財産の価額に対応する部分の金額について、贈与した財産の価額に相当する金額を限度として、連帯納付の義務を負います（法34④）。

（２） 贈与税を課税された財産をもらった者の連帯納付の責任

贈与税の課税価格の計算の基礎となった財産が、更に受贈者から贈与や遺贈又は寄附行為により移転した場合には、その贈与や遺贈によって財産をもらった人又は寄附行為によって設立された法人は、贈与などをした者の納めるべき贈与税額のうち、そのもらった財産の価額に対応する部分の金額について、その受けた利益の価額に相当する金額を限度として、連帯納付の責任を負います（法34③）。

5 延　　納

贈与税も、ほかの税金と同様に金銭で一時に納めるのが原則ですが、財産税の性格をもっていますので、一時に多額の金銭を納めることが困難な場合があります。そこで、贈与税については、一定の条件のもとに、年賦による延納を認める制度が定められています。

なお、贈与税に附帯する延滞税、加算税及び連帯納付責任額については、延納の対象にはなりません。

（１） 延納の要件

延納の許可を受けるための要件は次のとおりですが、この要件のいずれにもあてはまっていれば、金銭で一時に納めることが困難な金額を限度として、５年以内の年賦延納が認められます（法38③、39㉖）。

① 申告（期限内申告のほか、期限後申告や修正申告も含まれます。）による納付税額又は更正、決定による追徴税額が10万円を超えてい

ること

② 納期限まで、又は納付すべき日に金銭で納付することを困難とする理由があること

③ 担保を提供すること

注 1 担保の種類は、ⓐ国債、地方債 ⓑ社債その他の有価証券で税務署長が確実と認めるもの ⓒ土地 ⓓ建物、立木、船舶、自動車などで保険に付したもの ⓔ工場財団、鉱業財団など ⓕ税務署長が確実と認める保証人の保証に限られます。

2 延納税額が50万円未満で、かつその延納期間が3年以下である場合には担保を要しません（法38④）。

(2) 延納の手続

贈与税の納期限又は納付の日までに所定の延納許可申請書を納税地の所轄税務署長に提出する必要があります（法39①）。

(3) 延納税額に対する利子税

延納の許可を受けた税金には、延滞税ではなく、利子税がかかります。この利子税は、各年の分納税額を納めるときに、その分納税額といっしょに納めることになっています（法52①）。

■ 資　料 ■

（資料１）相続税の仕組み

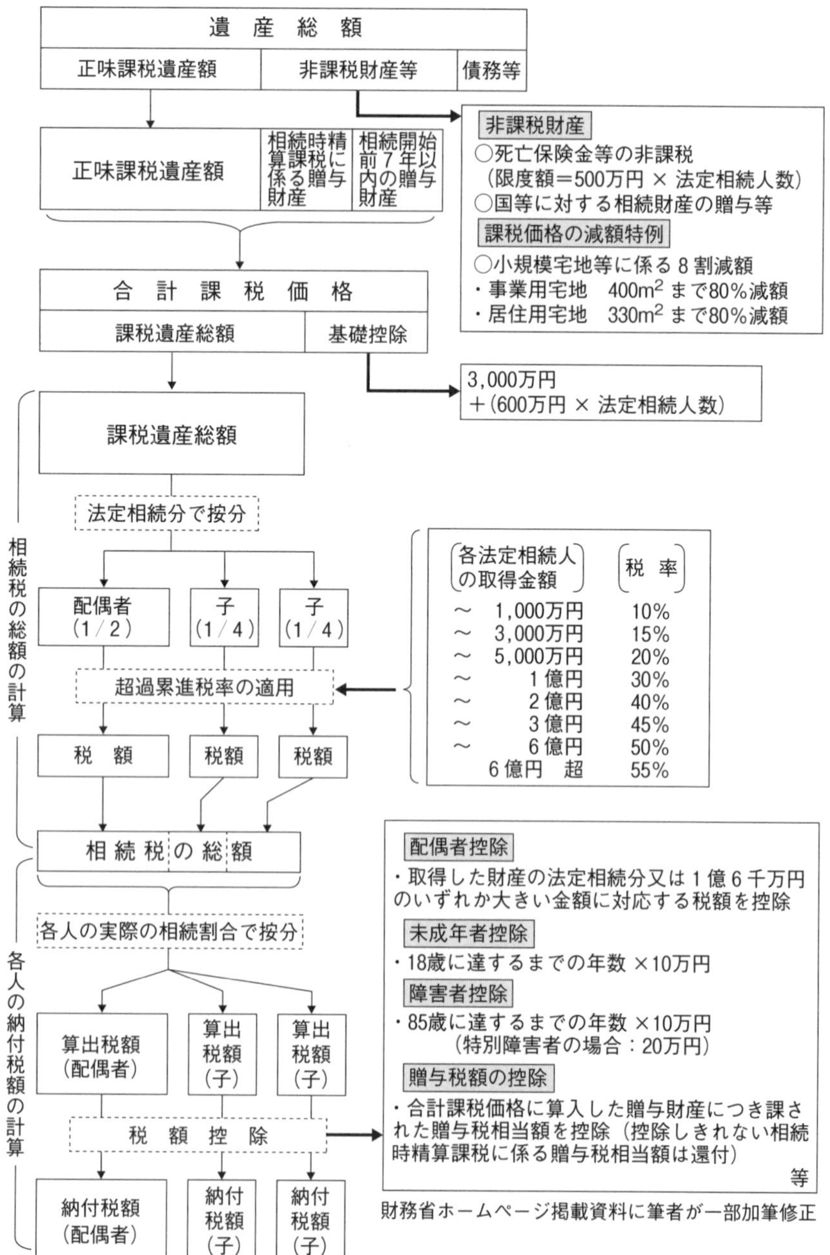

財務省ホームページ掲載資料に筆者が一部加筆修正

(資料２) 相続税の主な改正の内容

区　分	抜本改正前	抜本改正(昭和63年12月) (昭和63年１月１日以降適用)	平成４年度改正 (平成４年１月１日以降適用)
(1)遺産に係る基礎控除 定額控除 法定相続人数比例控除	2,000万円 400万円×法定相続人の数	4,000万円 800万円×法定相続人の数	4,800万円 950万円×法定相続人の数
(2)税　率	10%　200万円以下 15〃　500万円　〃 20〃　900万円　〃 25〃　1,500万円　〃 30〃　2,300万円　〃 35〃　3,300万円　〃 40〃　4,800万円　〃 45〃　7,000万円　〃 50〃　１億円　〃 55〃　１億4,000万円　〃 60〃　１億8,000万円　〃 65〃　２億5,000万円　〃 70〃　５億円　〃 75〃　５億円 超 (14段階)	10%　400万円以下 15〃　800万円　〃 20〃　1,400万円　〃 25〃　2,300万円　〃 30〃　3,500万円　〃 35〃　5,000万円　〃 40〃　7,000万円　〃 45〃　１億円　〃 50〃　１億5,000万円　〃 55〃　２億円　〃 60〃　２億5,000万円　〃 65〃　５億円　〃 70〃　５億円 超 (13段階)	10%　700万円以下 15〃　1,400万円　〃 20〃　2,500万円　〃 25〃　4,000万円　〃 30〃　6,500万円　〃 35〃　１億円　〃 40〃　１億5,000万円　〃 45〃　２億円　〃 50〃　２億7,000万円　〃 55〃　３億5,000万円　〃 60〃　４億5,000万円　〃 65〃　10億円　〃 70〃　10億円 超 (13段階)
(3)配偶者に対する相続税額の軽減	遺産の２分の１又は4,000万円のいずれか大きい金額に対応する税額まで控除	配偶者の法定相続分又は8,000万円のいずれか大きい金額に対応する税額まで控除	同　左
(4)死亡保険金の非課税限度額	250万円×法定相続人の数	500万円×法定相続人の数	同　左
(5)死亡退職金の非課税限度額	200万円×法定相続人の数	500万円×法定相続人の数	同　左
(6)税額控除 未成年者控除 障害者控除 特別障害者控除	 20歳までの１年につき３万円 70歳までの１年につき３万円 70歳までの１年につき６万円	 20歳までの１年につき６万円 70歳までの１年につき６万円 70歳までの１年につき12万円	同　左

資料

区　　分	平成６年度改正 (平成６年１月１日以降適用)	平成15年度改正 (平成15年１月１日以降適用)	平成22年度改正 (平成22年４月１日以降適用)
(1)遺産に係る基礎控除 定額控除 法定相続人数比例控除	5,000万円 1,000万円×法定相続人の数	同　左	同　左
(2)税　　率	10%　800万円以下 15〃　1,600万円　〃 20〃　3,000万円　〃 25〃　5,000万円　〃 30〃　1億円　〃 40〃　2億円　〃 50〃　4億円　〃 60〃　20億円　〃 70〃　20億円　超 （9段階）	10%　1,000万円以下 15〃　3,000万円　〃 20〃　5,000万円　〃 30〃　1億円　〃 40〃　3億円　〃 50〃　3億円　超 （6段階）	同　左
(3)配偶者に対する相続税額の軽減	配偶者の法定相続分又は1億6,000万円のいずれか大きい金額に対応する税額まで控除	同　左	同　左
(4)死亡保険金の非課税限度額	同　左	同　左	同　左
(5)死亡退職金の非課税限度額	同　左	同　左	同　左
(6)税額控除 未成年者控除 障害者控除 特別障害者控除	同　左	同　左	同　左 85歳までの1年につき6万円 85歳までの1年につき12万円

財務省ホームページ掲載資料に筆者が一部加筆修正

区　　分	平成25年度改正 (平成27年1月1日以降適用)
(1)遺産に係る基礎控除 定額控除 法定相続人数比例控除	 3,000万円 600万円×法定相続人の数
(2)税　　率	10%　1,000万円　以下 15〃　3,000万円　〃 20〃　5,000万円　〃 30〃　1億円　〃 40〃　2億円　〃 45〃　3億円　〃 50〃　6億円　〃 55〃　6億円　超 (8段階)
(3)配偶者に対する相続税額の軽減	同　左
(4)死亡保険金の非課税限度額	同　左
(5)死亡退職金の非課税限度額	同　左
(6)税額控除 未成年者控除 障害者控除 特別障害者控除	 20歳までの1年につき10万円 85歳までの1年につき10万円 85歳までの1年につき20万円

（資料３）遺産分割協議書の記載例

遺産分割協議書の書式は特に定まっているわけではありませんが、参考のために一つの記載例を示せば、次のとおりです。

注　1　相続人のうちに未成年者がいる場合には、遺産の分割協議に当たって、家庭裁判所においてその未成年者の特別代理人の選任を受けなければならない場合があります。
2　遺産分割協議書に押印する印は、その人の住所地の市区町村長の印鑑証明を受けた印を使用してください。

遺産分割協議書

被相続人朝日太郎の遺産については、同人の相続人の全員において分割協議を行った結果、各相続人がそれぞれ次のとおり遺産を分割し、取得することに決定した。

一　相続人朝日花子が取得する財産
(1)　武蔵野市南北町四丁目八番
　宅地　参百弐拾八平方メートル
(2)　右同所同番地　家屋番号八番
木造瓦葺平屋建　居宅　床面積九拾九平方メートル
(3)　右居宅内にある家財一式
(4)　○○電力株式会社の株式　壱千株
(5)　株式会社○○製作所の株式　壱千五百株
(6)　……………………………………

二　相続人朝日一郎が取得する財産
(1)　株式会社朝日商店の株式　四万五千株
(2)　○○銀行○○支店の被相続人朝日太郎名義の定期預金
壱口　八百万円
(3)　……………………………………

三　相続人朝日次郎が取得する財産
(1)　株式会社朝日商店の株式　四万株
(2)　○○信託銀行○○支店の被相続人朝日太郎名義の定期預金　壱口　参百五拾万円
(3)　洋画名作「風景」ほか四点
(4)　……………………………………

四　相続人夏野春子が取得する財産
(1)　国分寺市東西町五丁目六番
　宅地　八拾九平方メートル
(2)　○○社債　券面額　六百万円
(3)　現金　七拾万円
(4)　……………………………………

五　相続人朝日一郎は、被相続人朝日太郎の次の債務を継承する
○○銀行○○支店からの借入金

右のとおり相続人全員による遺産分割の協議が成立したので、これを証するための本書を作成し、左に各自署名押印する。

令和六年四月十四日

武蔵野市南北町四丁目八番地
相続人　朝日花子　印

武蔵野市南北町四丁目八番地
相続人　朝日一郎　印

武蔵野市南北町四丁目八番地
相続人　朝日次郎

三鷹市上下弐丁目五番地
朝日次郎の特別代理人　山野太郎　印

国分寺市東西町五丁目六番地
相続人　夏野春子　印

（資料４）贈与税の課税状況の推移

区分／年分	件数 (A)	課税価格		贈与税額			基礎控除等		
		合計額 (B)	1件当たり金額	納付税額 (C)	1件当たり金額	(C)／(B)	基礎控除	配偶者控除	相続時精算課税制度の特別控除
	件	億円	万円	億円	万円	%	万円	万円	万円
平成22	310,324	15,291	493	1,292	42	8.4	110	2,000	2,500
	内 暦 261,143	9,004	345	1,150	42	12.8			
	精 50,663	6,288	1,241	199	39	3.2			
23	340,243	16,248	478	1,362	40	8.4	〃	〃	〃
	内 暦 292,559	10,200	349	1,254	40	12.3			
	精 49,204	6,048	1,229	193	39	3.2			
24	355,924	15,798	444	1,288	36	8.2	〃	〃	〃
	内 暦 311,163	10,308	331	1,175	36	11.4			
	精 46,207	5,489	1,188	164	35	3.0			
25	401,716	18,592	463	1,690	42	9.1	〃	〃	〃
	内 暦 351,010	12,247	349	1,538	42	12.6			
	精 52,492	6,345	1,209	207	40	3.3			
26	437,217	21,604	494	2,784	64	12.9	〃	〃	〃
	内 暦 388,806	15,514	399	2,630	66	17.0			
	精 50,006	6,089	1,218	221	44	3.6			
27	452,004	21,028	465	2,156	48	10.3	〃	〃	〃
	内 暦 403,683	14,950	370	1,913	47	12.8			
	精 49,967	6,077	1,216	243	49	4.0			
28	431,806	20,044	464	2,104	49	12.9	〃	〃	〃
	内 暦 388,106	13,954	360	1,955	46	17.0			
	精 45,352	6,090	1,343	329	73	3.6			
29	428,650	19,787	462	2,004	47	10.1	〃	〃	〃
	内 暦 385,283	13,685	355	1,779	46	13.0			
	精 44,921	6,103	1,359	334	74	5.5			
30	415,595	20,303	490	2,397	58	11.8	〃	〃	〃
	内 暦 374,118	14,875	398	2,540	68	17.1			
	精 42,885	5,488	1,280	275	64	5.0			
令和元	406,092	20,007	493	2,109	52	10.5	〃	〃	〃
	内 暦 364,978	14,132	387	2,186	60	15.5			
	精 42,548	5,875	1,381	362	85	6.2			
2	402,536	21,025	522	2,031	50	9.7	〃	〃	〃
	内 暦 364,214	14,237	391	2,188	60	15.4			
	精 39,823	6,788	1,705	599	150	8.8			
3	443,429	23,727	535	2,554	58	10.8	〃	〃	〃
	内 暦 401,007	16,927	422	2,861	71	16.9			
	精 44,167	6,799	1,539	488	111	7.2			

（備考）１．この表の計数は、「国税庁統計年報書」による。

２．件数は、財産の贈与を受けた者のうち申告等のあった者の数である。

３．贈与税額には納税猶予適用分を含まない。

４．内書の、「暦」は暦年課税分に係る計数であり、「精」は相続時精算課税分に係る計数である。なお、重複適用がある。

財務省ホームページ掲載資料

（資料５）贈与税（暦年課税）の仕組み

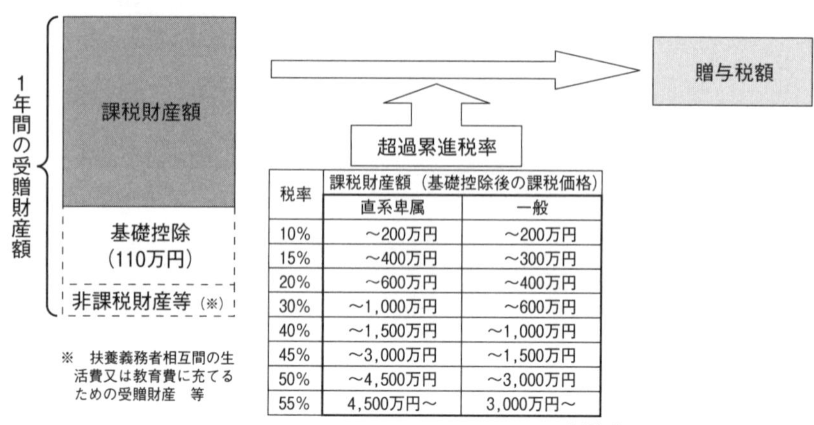

税率	課税財産額（基礎控除後の課税価格）	
	直系卑属	一般
10%	～200万円	～200万円
15%	～400万円	～300万円
20%	～600万円	～400万円
30%	～1,000万円	～600万円
40%	～1,500万円	～1,000万円
45%	～3,000万円	～1,500万円
50%	～4,500万円	～3,000万円
55%	4,500万円～	3,000万円～

※　扶養義務者相互間の生活費又は教育費に充てるための受贈財産　等

財務省ホームページ掲載資料

（資料６）贈与税（相続時精算課税制度）の概要

	制度の仕組み	3,000万円を生前贈与し、1,500万円を遺産として残す場合の計算例（平成27年１月１日以後の相続で、法定相続人が配偶者と子２人の場合）	【参考】暦年課税の場合
贈与時	①　贈与財産額から基礎控除額を控除した残額（注）を贈与者の相続開始まで累積 ②　累積で2,500万円の非課税枠 ③　非課税枠を超えた額に一律20%の税率	（贈与額）3,000万円 2,890万円 基礎控除：110万円（注） （基礎控除後（注）の累積贈与額）2,890万円 20%課税 特別控除 2,500万円 納付税額 78万円	納付税額 1,036万円
相続時	基礎控除後の累積贈与額（注）を相続財産の価額に加算して、相続税額を精算	相続額 1,500万円 基礎控除後の累積贈与額 2,890万円 4,390万円 ＜ 基礎控除：4,800万円 ・無税 ・贈与時の納付税額78万円は還付	無税
		合計納税額 0円	1,036万円

注　相続時精算課税制度における基礎控除については、令和６年１月１日以後の贈与について適用される。

○　相続時精算課税制度を選択できる場合（暦年課税との選択制）
贈与者：60歳以上の者
受贈者：18歳以上の贈与者の直系卑属である推定相続人及び孫

財務省ホームページ掲載資料

（資料７）贈与税の課税方式（暦年課税と相続時精算課税）の比較

区　分	暦　年　課　税	相続時精算課税（相続税・贈与税の一体化措置）
贈与者・受贈者	親族間のほか、第三者からの贈与を含む。	60歳以上の者から18歳以上の推定相続人及び孫への贈与
選択	不要	必要（贈与者ごと、受贈者ごとに選択）→一度選択すれば、相続時まで継続適用
課税時期	贈与時（その時点の時価で課税）	同左
控除	基礎控除（毎年）：110万円	基礎控除（毎年）：110万円 特別控除（限度額まで複数回使用可）：2,500万円
税率	10%～55%の８段階	一律20%
相続時	相続等により財産を取得した者については、相続開始前７年以内に取得した贈与財産を贈与時の時価で相続財産に合算	贈与財産を贈与時の時価（110万円の基礎控除を除く）で相続財産に加算（相続税額を超えて納付した贈与税は還付）

財務省ホームページ掲載資料に筆者が一部加筆修正

注　暦年課税の相続時贈与財産の加算の経過措置については、48頁参照。

（資料8）配偶者居住権等の評価（法23の2）

1　配偶者居住権の評価額

建物の時価	−	建物の時価	×	(残存耐用年数―存続年数)／残存耐用年数	×	存続年数に応じた民法の法定利率による複利現価率

2　配偶者居住権が設定された建物（「居住建物」といいます。）の所有権

建物の時価	−	配偶者居住権の価額

3　配偶者居住権に基づく居住建物の敷地の利用に関する権利

土地等の時価	−	土地等の時価	×	存続年数に応じた民法の法定利率による複利現価率

4　居住建物の敷地の所有権等

土地等の時価	−	敷地の利用に関する権利の価額

建物の時価：配偶者居住権が設定されていない場合の建物の時価

土地等の時価：配偶者居住権が設定されていない場合の土地等の時価

残存耐用年数：居住建物の所得税法に基づいて定められている耐用年数（住宅用）に1.5を乗じて計算した年数から居住建物の築後経過年数を控除した年数

存続年数：次に掲げる場合の区分に応じそれぞれ次に定める年数

(イ)　配偶者居住権の存続期間が配偶者の終身の間である場合 配偶者の平均余命年数

(ロ)　(イ)以外の場合 遺産分割協議等により定められた配偶者居住権の存続期間の年数（配偶者の平均余命年数を上限とする。）

※　残存耐用年数又は残存耐用年数から存続年数を控除した年数が零以

下となる場合には、上記１の「(残存耐用年数－存続年数）／残存耐用年数」は、零となります。

用 語 索 引

〔著者略歴〕
北本　高男（きたもと　たかお）　税理士

（略歴）
平成10年　国税不服審判所国税審判官
平成11年　東京国税局課税第一部統括国税調査官
平成12年　東京国税局課税第一部資産評価官
平成14年　北沢税務署長
平成15年　東京国税局課税第一部資産課税課長
平成16年　国税庁課税部資産評価企画官
平成17年　板橋税務署長
平成18年　沖縄国税事務所長
平成19年　国税庁長官官房付
　同年　　税理士登録
平成22年　税理士試験試験委員（～23年）

令和６年度版　基礎から身につく相続税・贈与税

令和６年５月27日　初版発行

著　者　北　本　高　男

（一財）大蔵財務協会　理事長
発行者　木　村　幸　俊

発行所　一般財団法人　大　蔵　財　務　協　会
〔郵便番号 130-8585〕
東京都墨田区東駒形１丁目14番１号
（販　売　部）TEL03(3829)4141・FAX03(3829)4001
（出版編集部）TEL03(3829)4142・FAX03(3829)4005
https://www.zaikyo.or.jp

落丁・乱丁はお取替えいたします。
ISBN978-4-7547-3210-3

印刷・三松堂㈱